房子如何更好卖

房地产营销策划分步实解

天火同人房地产研究中心 编著

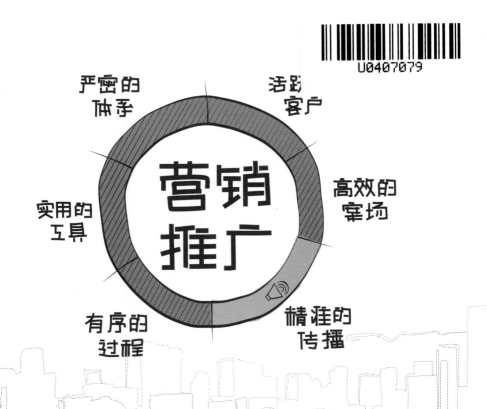

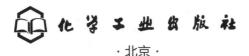

·北京·

《房地产营销策划分步实解》丛书将房地产营销体系分为三大模块，主要解决房地产营销策划的三个问题：第一，产品怎么宣传？第二，怎么找客户？第三，怎么把产品卖给客户？丛书共分三册，分别为《营销推广》、《客户开发》、《销售管控》。

本册为《营销推广》，内容以剖析房地产营销渠道为主，告诉读者"产品怎么宣传"，分别介绍了传统媒体、户外媒体、互联网新媒体的广告投放策略，各种媒体如何组合，线上线下如何进行联动，以达到最佳的营销效果。

图书在版编目(CIP)数据

房地产营销策划分步实解．营销推广／天火同人房地产研究中心编著．—北京：化学工业出版社，2015.11（2020.3重印）
ISBN 978-7-122-25397-2

Ⅰ.①房… Ⅱ.①天… Ⅲ.①房地产市场-市场营销学 Ⅳ.①F293.35

中国版本图书馆CIP数据核字(2015)第242083号

责任编辑：王　斌　邹　宁　　　　　　　　装帧设计：骁毅文化

出版发行：化学工业出版社(北京市东城区青年湖南街13号　邮政编码100011)
印　　装：大厂聚鑫印刷有限责任公司
710mm×1000mm　1/16　印张16　字数300千字　2020年3月北京第1版第6次印刷

购书咨询：010-64518888　　　　　　　　　　售后服务：010-64518899
网　　址：http://www.cip.com.cn
凡购买本书，如有缺损质量问题，本社销售中心负责调换。

定　价：68.00元　　　　　　　　　　　　　版权所有　违者必究

策划单位：天火同人工作室

编写单位：天火同人房地产研究中心

编委：

刘丽娟	龙　镇	肖　鹏	张　杨	敖　勇	周国伟
赵　俏	吴仲津	曾庆伟	林樱如	陈秋珊	徐　娜
郑家敏	杨春烨	邓钰彬	樊　娟	叶雯枞	王晓丽
李中石	卜昆鹏	刘丽伟	成文冠	孙权辉	林燕贞
林德才	张连杰	王　咏	曾　欢	舒立军	孟晓艳
孙树学	马玉玲	刘　娜	郭林慧	刘思明	李明辉
曾　艳	王丽君	卜华伟	张墨菊	廖金柱	严　昆

执行编辑：吴仲津　郑家敏

美术设计：杨春烨　邓钰彬

设计创意：广州恒烨广告设计有限公司

目录 CONTENTS

第一章 房地产项目营销媒体策略

第一节 002/ 房地产媒体广告投放管理

002/ 一、房地产媒体广告投放计划制定
008/ 二、房地产媒体广告投放4个阶段

第二节 014/ 房地产媒体运作策略

014/ 一、媒体组合分析
019/ 二、媒体广告费用估算
030/ 三、媒体投放效果评估

第二章 地产项目形象营销策略

第一节 040/ 楼盘 VI 设计

040/ 一、楼盘 VI 设计的4个原则
042/ 二、楼盘基础设计系统的3个要素
045/ 三、楼盘应用设计系统的九个要素

第二节 050/ 楼盘形象包装策略

050/ 一、楼盘主题概念策划
058/ 二、售楼部形象包装
068/ 三、样板房形象包装
076/ 四、各阶段楼盘形象包装

第三章 传统媒体广告营销

第一节 082/ 电视媒体的广告营销

082/ 一、电视广告传播的优劣势分析

083/ 二、电视广告投放的六个要点

086/ 三、高效电视广告的四个标准

087/ 四、电视广告文案创作的六个要求

第二节 090/ 电台广告营销

090/ 一、电台广告的传播优劣势分析

091/ 二、电台广告的三个要素

093/ 三、电台广告投放的五个要点

第三节 097/ 报纸广告营销

097/ 一、报纸广告传播优劣势分析

098/ 二、报纸广告营销的6个工作步骤

100/ 三、软性报纸广告的4种表现形式

101/ 四、硬性报纸广告各类型传播特点

106/ 五、不同营销阶段的报纸广告排布策略

108/ 六、报纸各版面广告文案表现形式

111/ 七、报纸广告8种理性诉求方式

119/ 八、报纸广告3种感性诉求方式

目录 CONTENTS

第四节 124/ 杂志广告营销

124/ 一、杂志广告传播优劣势分析

125/ 二、杂志各版面广告文案撰写要点

126/ 三、杂志各版面广告注意度

第四章 户外媒体广告投放策略

第一节 128/ 户外媒体广告媒体特性

128/ 一、户外广告的 8 种类型

132/ 二、户外广告的 10 种发布形式

136/ 三、户外广告设计的 4 个要点

137/ 四、户外广告投放的 6 个技巧

第二节 143/ 地铁广告投放分析

143/ 一、地铁广告的 3 个特点

144/ 二、地铁广告的 6 种投放形式

第三节 146/ 公交车身广告营销详解

146/ 一、车身广告的 7 个优势

159/ 二、车身广告的 4 个缺点

150/ 三、车身广告投放的 3 个要点

第五章　房地产互联网新媒体营销

第一节　154/ 房地产传统化网络营销

154/ 一、传统网络营销的特点
155/ 二、博客营销的 4 个要点
159/ 三、论坛营销的 3 个要点
160/ 四、电子邮件营销的 5 个要点
162/ 五、搜索引擎营销

第二节　164/ 微信营销策略

164/ 一、微信营销的 6 个优势
166/ 二、微信营销的 5 种方式
172/ 三、房地产微信公众号的 3 种类型
174/ 四、微信公众号的内容建设
183/ 五、微信营销的 6 种方式

第三节　191/ 微博营销策略

191/ 一、微博营销的 5 个优势
193/ 二、微博营销的 4 个原则
195/ 三、微博营销的 6 个技巧
197/ 四、房地产微博营销的四种模式

目录 CONTENTS

第六章 房地产活动营销

第一节 204/ 房地产活动营销策划

204/ 一、房地产活动营销的3个目标

206/ 二、房地产活动营销的6种常见手法

215/ 三、房地产活动营销执行策略

220/ 四、楼盘各销售周期活动营销要点

第二节 226/ 房地产体验活动营销分析

226/ 一、房地产体验营销的两个保证

227/ 二、售楼部体验营销设计4要点

233/ 三、房地产体验营销执行的6个误区

第三节 238/ 房地产展销会营销策略

238/ 一、房展会选择的9个要点

241/ 二、展会前的2项准备工作

242/ 三、房展会执行工作

245/ 四、展会后营销收尾工作

第一章 ONE

房地产项目营销媒体策略

　　做一个房地产项目，由于涉及的受众比较多，单一产品总额比价大，广告投放不可能只涉及一种媒体，只辐射一类人群。而房地产项目营销布局主要指房地产广告投放与媒体组合运作。

　　针对目标消费群所制定的多种媒体及分别投放量的方案即媒体组合。优秀的媒体组合方案不仅能全面、深入地覆盖目标消费群，更能达到推广项目的广告效果。

第一节

房地产媒体广告投放管理

房地产广告投放的最大目的是销售。广告信息需要通过一定的媒体才能传达给消费者，不同的媒体对同一信息传播作用各不相同，因此要在充分发挥不同媒体功能的基础上选择合适的广告媒体。由于每一个目标的定位不同，其目标受众的媒体接触习惯和消费特征也不同。因此，制作投放媒体组合策略首先需要研究目标受众的特点，然后借此进行媒体选择。

房地产媒体广告投放计划制定

当一个地产项目确定了产品的广告诉求点和广告基调后，接下来的步骤就是制订切实可行的广告计划来实现最终销售目的。

一个完整的广告计划通常包括四个部分：广告周期的安排、广告主题的安排、广告媒体的安排、广告预算的编制。

图 1-1 房地产广告计划的 4 个部分

1 广告周期安排

一个楼盘的广告周期隶属于它的营销周期。作为一个促销过程相对独立的营销周期,广告周期的安排是其不可缺少的一个部分。

通常,一个完整的广告宣传周期由导入期、强销期、巩固期和消退期这四个阶段组成。

图1-2 广告周期的4个阶段

一个项目在不同的销售阶段,其任务与目的也不同。区别对待项目所处的阶段,有助于安排广告计划,广告的内容和广告的规模也会更有针对性。这是开发商节省资金、将有限的广告费用在关键时期并达到事半功倍之效的重要环节。

(1)销售预热期——广告宣传进入导入期

不同项目会选择不同的工程阶段入市宣传,但作为资金不太雄厚的开发公司,一般都会在内部认购或预售期时就开始广告宣传。

内部认购和预售时期的工作特点是,工程施工刚刚开始,把新项目入市的消息传播出去是这一阶段宣传的主要任务,广告频率没必要太高,宣传力度也可以先小一些。这一阶段的项目广告应着重于建立项目卖点,以便使受众心里形成固定而清晰的概念,让项目在众多竞争对手中脱颖而出。

(2)项目公开期——广告宣传进入强销期

项目广告配合得好,会使强销期成交量增加。这一时期一般也是项目销售业绩最好的时期。

这一阶段主要是以广告为先导,吸引客户到来。广告宣传内容主要是全面凸显项目优势,具体来说是以下四点:户型设计、附属设施、所处地理位置、人文环境等。目的是使客户加深对项目了解并产生信赖。

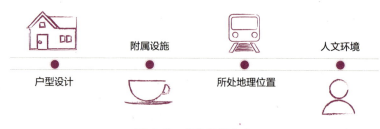

图1-3 广告宣传内容

因此，这时项目宣传应配合"加热"，广告频度及媒体选择均需增加，需要采用多种形式展示，以鲜明的形象、强烈的广告攻势撼动市场。广告形式要有创意和突破，能给人留下深刻的印象。广告语言要生动形象，易懂好记。

（3）销售持续期——广告进入巩固期

在公开期过后，新增客户会维持在一个相对平衡的数量曲线上。此时广告热度应相对降温，但仍应保持一个稳定的出现频率。

如果项目工程进度快，有的项目此阶段已达到主体竣工或进入装修阶段，楼宇及社区规模形象初显。这时，除了相应的媒体广告之外，可以更多地安排看房客户参观样板间和工地。虽然参观工地有一定危险和麻烦，但可以给人一种身临其境的感觉，也使客户对工程质量眼见为实。

（4）项目尾盘期——广告进入消退期

房地产项目销售快终结时，较好的户型和楼层基本都已售空，所余房屋虽然不多，但大多属于不太好销的尾盘房。这一阶段的项目广告宣传有点类似第一阶段，主要目的在于告知，但所告知的信息不是项目出现的消息，而是项目还剩有多少面积，大约什么价格。

这一阶段的广告重点以优惠促销楼尾为主，广告创意也无需太多变化，频率大大减弱，直至停止宣传。若这个营销周期只是整个销售过程的一部分，则该阶段的工作还应包括对本次销售策略的修正和检讨，努力为下一个营销周期的到来做好准备。

▶ 2 广告主题安排

无论策划什么广告，广告主题一定要明确清晰，要与顾客需求、顾客消费心理和企业目标相契合。广告主题专一，可以最大限度地吸引目标客源；轮流展示精心安排的广告主题，则可以保持楼盘形象的常新常亮。

广告主题的具体安排应注意广告诉求点的主次关系与广告主题的展示顺序。

（1）广告诉求点的主次关系

广告诉求点实质上就是产品比较强项的着力展示。大家对房地产所共同认可的一些最基本因素是数以十计的。

一则好的广告，为了更好地吸引客户，广告诉求点一定不会太多，一般是一个主要诉求点搭配一、二个次要诉求点，或者干脆就没有次要诉求点。在数以十计的共同因素中，客户最为关切的因素便被筛选为房地产的主要诉求点。最有效的诉求点也一定是客户最关切的问题，同时又是产品的强项。

按照销售现场的来电来人数和最终的销售统计，一个地产项目对客户影响较为强烈的因素罗列如下，我们按其强烈程度划分为三类：

①地点、价格、房型；

②交通、付款、工期；

③规划、配套、得房率、公司资质……

以上因素的罗列并没有穷尽，以上的程度划分也是会因为不同地区、不同生活水准、不同习俗条件和不同楼盘而不尽相同。对即时市场研判的最好答案则是来之于每一则广告的实际执行效果。

某房地产广告诉求点分析

"自备八万元，市中心安个家"是一则房地产广告的主打口号。其中，"自备八万元"的确切含义是，银行按揭70%，发展商提供三年免息付款20%，客户则自备10%、约八万元的款项就可以签约交房。

客观情况是，该地区市中心的楼盘行情价为8000元/平方米，同样面积（约100平方米）的套房，四五公里外偏远地方的售价也要40万元左右。而这个广告楼盘的具体地点地处市中心没错，但实际销售单价却是8000元/平方米，面积范围则在100～130平方米之间，房屋总价超过80万元，它的发展商是一家有名的上市公司。

相对偏远地区的楼盘，市内楼盘所处的地点是它的比较强项，价格则是它的比较弱项；但相对同一地区的楼盘，地点和价格都没有特别之处，但特别的付款方式则使它脱颖而出。

由此可以看出，这个项目的广告诉求点便是项目所处地点和付款方式，前者打击偏远地区的楼盘，后者打击同一地区的楼盘。这个项目实际销售情况火爆也证实了广告诉求点的正确和有效。

（2）广告主题的轮流顺序

广告主题的轮流安排并非无序，它是和广告周期的安排和广告诉求点的内容紧密相连的。

在产品预热期和公开期，广告主题多以产品的规划优势、楼盘的地段特征为主，通过形象着力介绍，让一个新兴事物尽快为客户所注目和了解。

到了楼盘的持续销售期和尾盘期，除非产品有特别的优势，价格攻势在这一阶段往往会成为广告的主要内容。在客户对产品有所了解的基础上，通过价格优惠折让及某些服务承诺，促使楼盘项目得以迅速推广。

表1-1　房地产广告主题的5个要求

理性	购买房地产，投入巨大。普通家庭往往举全家之力、倾一生之积蓄，即使是强烈需求的群体也对是否购买的决定非常谨慎，其决定往往会建立在非常理性的基础上
完整	广告主题是广告目标、信息个性、消费心理三大要素相融的完整统一体。 广告目标是广告主题的出发点，离开广告目标的广告主题是为无的放矢； 信息个性是广告主题的基础和依据，没有信息个性，广告主题就失去诉求焦点，缺乏内容侧重点； 没注重消费心理因素的广告主题，不能引起人们的心理共鸣
易懂	广告主题要通过简单明快的形式将企业意图、地产项目特征等迅速而准确地表现出来。主题复杂会给广告表现带来困难并难以为消费者接受
集中	广告主题要保持在广告活动期间不发生基本变化，且要把握住诉求焦点，防止主题多元化、分散化
独特	广告主题要具有跟其他同类广告相区别的特点，以便在杂乱的媒体中独树一帜，保证其不被其他广告淹没，有利于给受众留下长久深刻的印象，尽可能引起消费者的兴趣

3 广告媒体安排

房地产常用的广告媒体一般为三大块：户外媒体、印刷媒体和报刊媒体。

其中，户外媒体因为位置固定，比较偏重于楼盘周围的区域性客源；印刷媒体可以定向派发，针对性和灵活性都较强；报刊媒体和广播电视则覆盖面广，客源层多。三者取长补短，是房产广告的"三驾马车"。

图1-4　房地产广告的"三驾马车"

(1) 广告媒体的纵向安排

一个完整的销售周期由四个阶段组成：预热期、公开期、持续期和尾盘期。

在销售的预热期，广告媒体安排的主要工作内容有五个方面：

① 以户外媒体和印刷媒体为主；

② 搭建售楼处；

③ 建设样本间；

④ 看板的制作；

⑤ 大量的海报、说明书的定稿印刷等。

进入销售的公开期和持续销售期，广告媒体的安排渐渐转向以报刊媒体为主。

此时的户外媒体和印刷媒体制作已完工。因为相对的固定性，除非有特殊情况或配合一些促销活动，一般户外媒体设计制作的改变不大，工作量也小。

报刊媒体则开始在变化多端的竞争环境下，节奏加快，出招频频，以灵活多变的特色，发挥其独特的功效。

到了销售尾盘期，各类广告媒体的投放开始偃旗息鼓，销售上的广告宣传只是依靠前期一些剩余的户外媒体和印刷媒体来维持，广告计划也接近尾声。

(2) 广告媒体的横向安排

广告媒体在"横"的方面的安排，其实也贯穿于广告周期的四个阶段，但在产品持续销售期时要求特别高。

某楼盘广告媒体的横向传播

某单价8000元/平方米的楼盘。其媒体组合的理想三维广告空间是这样设计的：客户坐飞机回上海，在飞机上看到《东航杂志》中的楼盘广告。下飞机后坐汽车回市区，在虹桥路上则看到同样内容的户外看板。晚上翻开《新民晚报》，该楼盘的广告赫然在目。第二天听早上广播新闻，同样的信息又飘然而至。这个组合策略传达的理念是：经过视觉、听觉的多重刺激，将在最大限度上挖掘和引导目标客源，以服务于业务人员的推广行为，最终创造最佳的销售业绩。

▶ 广告预算编排

就房地产销售而言,广告预算大致应该掌握在楼盘销售总金额的 1%～3% 之间。大公司因为有充足的资金保证,往往是根据销售计划来确定预算。而大部分中小型公司,因为财力有限,广告预算基本上是量力而行,有时甚至是阶段性的滚动执行。销售结果一旦不尽如人意,广告预算便停止执行。

（1）销售预热期广告预算

在销售预热期,因为包括接待中心、样品屋在内的大量户外媒体、印刷媒体的设计制作工作量非常大,加之其他准备工作,广告费的支出比较大,一般约占总的预算的 30%～50%。

（2）公开期广告预算

到了公开期,报刊媒体的费用开始上升;其他销售道具因为已全部制作完成,则很少再产生费用。

（3）持续销售期广告预算

进入持续销售期,一方面报纸杂志、广播电视的广告密度显著增加,广告费用陡然上升;另一方面,为推动销售上台阶,穿插其中进行各项促销活动在所难免,因此,大量的广告预算必不可少。这个时候的广告预算约占总量的 40%。

（4）尾盘期广告预算

接近尾盘期,广告预算则慢慢趋近于零。

房地产媒体广告投放 4 个阶段

房地产广告从其筹备到真正落实是一个比较复杂的过程,只有切实掌握好其中每一步的关键,才能最终得到理想的结果。按照工作流程来看,通常分为准备、实施、传播和评估这四个阶段。

图 1-5 房地产广告的 4 个流程

1 准备阶段

房地产广告在准备阶段主要有以下三项任务：拿地及规划产品、确定广告预算、选择广告公司。

图 1-6 房地产广告准备阶段

任务 1. 拿地及规划产品

一般来说，从拿地到规划产品都是开发商的事，广告公司在这阶段不介入。但若是开发公司本身就有广告部，广告部的创意总监从一开始就介入项目运作，包括土地拿下前后的前期市场调研、产品规划与设计等。由于广告部在项目开始就紧密参与，因而对项目的了解非常透彻，非常利于项目以后一系列的推广。

任务 2. 确定广告预算

常见的广告预算具体包括以下四项内容：

表 1-2 广告预算的 4 项内容

项目	具体内容
广告调查费用	包括广告前期市场研究、广告效果调查、广告咨询费用、媒体调查费用等
广告制作费用	包括照相、制版、印刷、录音、摄影、录像、文案操作、美术设计、广告礼品等直接的制作费用

续表

项目	具体内容
广告媒体费用	包括购买报纸和杂志版面、电视和电台播出频道和时段、租用户外看板等其他媒体的费用
其他相关费用	与广告活动有关的公共活动、SP 活动、直效营销等费用

测定广告预算通常会采取以下四种方法：

表 1-3　确定广告预算的 4 种方法

方法	具体内容
量入为出法	根据开发商本身资金的承受能力来确定广告预算，带有一定的片面性
销售百分比法	开发商根据既定的销售额的百分比来决定广告费用的大小
竞争对等法	根据竞争对手大致投入的广告费用来确定自己项目的预算
目标任务法	开发商首先确定促销目标，根据所要完成的促销目标决定必须执行的工作任务，然后估算每项任务所需要的促销支出

任务 3. 选择广告公司

广告代理公司的选择，主要有广告招标和经验选择两种方式。

表 1-4　选择广告公司的 2 种方式

方式		具体分析
广告招标	含义	向多家广告公司发标，征集广告策划书、平面影视创意及报价
	优势	创意结果直观，易于判断，并且收费情况清晰
	劣势	周期长，实质性策划工作的时间较为仓促
经验选择	含义	根据广告公司以前的作品及业内的地位名声来进行选择
	优势	周期短，广告公司有较多的时间展开实质性工作，从而深化创意
	劣势	①选择的依据不充分不直观；②广告个案差异性大，存在一定风险

2 实施阶段

待房地产公司落定广告合作对象后，便可进入到广告实施阶段。

在此阶段，广告公司除了了解项目基本信息外，还应协助房地产企业确定广告目标、广告投放时间和广告媒体的选择方案。

图 1-7　房地产广告实施阶段

（1）广告公司了解项目信息

只有透彻地了解项目后，广告公司才能制作出优秀的广告作品。

广告公司在接到项目后，需要对产品进行彻底的研究，其研究内容主要包括9类：项目周边情况，楼盘分析，近期楼市动向，项目地理位置分析，小区规划，设计特色，价格策略，竞争对手分析，消费者调查等。

其中，开发商会向广告公司提供大部分资料，但真正优秀的广告公司会就已给的资料进行更加深入的调查。也就是说，只有在吃透了整个产品及其消费对象后，广告公司才能顺利地开展下一阶段的工作。

（2）拟定广告目标

房地产广告的成功与否，关键在于它能否在恰当的地点以恰当的方式传达给恰当的人。大多数开发商经常会走入广告误区，即把广告目标制定为提高知名度、促进销售、建立品牌等目标上。实际上，这类目标往往只是泛泛而谈，无法准确监控，也无法真正起到销售作用。

一个切实可行的广告目标需要围绕如下四个要点展开：

①所卖房子的特点是什么？最重要的特点即项目卖点是什么？
②目标消费者是谁？目标消费者为什么会选择本项目？
③要传达给消费者的信息是什么？怎么样才能有效地传达这些信息？
④用什么来测定传达消息的效果？

（3）确定广告投放时间

一般来说，小型房地产项目的广告期间以一个月到两个月为最多；中、大型项目（营业额在二、三亿以上）的广告时间会相对长久一些，有的甚至达到了一、两年。

房地产广告时间的节奏通常可以分为如下四种。

表1-5　房地产广告投放时间分析

方式		具体分析
集中型	含义	广告集中一段时间发布，在短时间内迅速形成强大的广告攻势
	优势	在短时期内给予消费者强烈而有效的刺激，促成销售
	劣势	于一段时间内大量投入广告费用，选择发布时机，若广告未能达到预期效果，则很难补救
连续型	含义	在一定时期内，均匀安排广告发布时间，使广告经常性反复在目标市场出现，以逐步加深消费者印象
	优势	不断刺激消费者，并节省广告费用
	劣势	不可能每次都达到刺激消费者的目的；无法进行大规模、长时间的广告投放

续表

方式		具体分析
间歇型	含义	间断性使用广告，即做一段时间广告，停一段时间，再做一段时间广告，反复进行
	优势	根据项目进程进行广告分配，做到有的放矢
	劣势	需要注意广告发布的时机，注意销售相对于广告的滞后性，还要考虑消费者的遗忘速度
脉动型	含义	一段时间内不断保持广告发布，又在某些时机加大发布力度，形成广告攻势
	优势	集中了连续型和间隙型的优点，能够不断刺激消费者，还能刺激短期的购买欲望
	劣势	广告费用太高

（4）媒体选择

房地产广告媒体的选择，总的来说，要根据以下五个因素展开分析：传达范围、出现频率、效果价格比、表达是否充分以及滞留时间长短，尽量做到花最少的费用，取得最好的广告效果。

表1-6 选择广告媒体应考虑的5个因素

因素	具体要求	具体分析
传达范围	广告媒体所能达到的范围要与所要求的房地产广告接触度相适应	①若房地产销售范围是全国性的，销售信息希望在全国范围内传递，那就应该选择全国性报刊、电视或广播电台做媒体；②若房地产销售信息只要求在某一地区或一部分人中间传递，则应当选择地方性报纸、电视、广播电台做媒体
出现频率	广告出现频率要与所要求的房地产销售广告信息出现次数相一致	①若房地产销售信息要求一天出现几次，选择电视或广播电台做媒体为宜；②若房地产销售信息可以相隔一段时间出现一次，则可以选择报纸、电视等各种广告媒体；③若在某一特定时间内要做大量的广告，可以选择几种广告媒体同时使用
效果价格比	选择费用少、效果好的媒体做广告	不同媒体费用不同。电视费用最为昂贵，报纸价格也不菲，如《广州日报》半个版面需要13.6万元/天，传单费用则便宜些。因此，经常用千人目标客户成本作为一个重要的考量依据
表达能否充分	选择能充分表达房地产广告信息的媒体	①若广告信息只要求让受众看到，那选择报刊、杂志、户外广告牌等作媒体；②若广告信息不仅要能被听到、看到，还需要结合动作表演，就只能选择电视、LED电子显示屏类媒体
滞留时间长短	广告信息保留时间要与企业的要求相一致	在广告媒体中，电视、电台等媒体上的信息几十秒内就消灭了，而广告牌等则可保留很长时间

❸ 传播阶段

在此阶段，前期各项准备已非常具体充分。一旦房地产项目开始运作，便可以启动整个广告宣传计划。

需要注意的是，虽然前期已准备得非常详细，但市场不断变化且不可预知。因此，在这个阶段，广告公司需要和房地产销售人员密切配合，根据销售第一线的反馈情况来进行广告计划的修改。

表1-7 传播阶段广告计划的调整

销售情况	应对措施
基本符合计划安排	原广告计划可继续使用，只需稍作调整
与原计划有一定的差距	就内容和推广节奏上根据客户反馈的情况加以修改
销售情况极差	及时更改广告计划，避免犯更大的失误

若广告宣传效果不佳，有些开发商会采取更换广告公司的方式来解决问题。其实，如果问题不是出在广告公司业务水平上的话，更换广告公司既劳神费力，又不见得会换到称心如意的公司。

如果广告效果不及预期，要检测是否是产品本身存在问题，也有可能是广告公司和开发商之间沟通不够充分。针对第二种情况，开发商可以根据市场反馈对产品做出相应的调整，同时就产品及目标客户进行更为详尽的研究，重新包装项目上市，争取打个翻身仗。

4 评估阶段

房地产广告和日用品广告效果反馈的最大不同点在于，其效果在广告投放当天就能直接从来电数量上得到体现。

多数房地产项目已能够通过客户第一次来电的渠道，建立起广告效果的跟踪机制，来电数量因此成为了评估广告效果的重要依据。

在不同项目的反复实践中发现，来电数量的确能在一定程度上反映广告投放效果，但过分强调来电数量就像完全忽视来电数量一样，不过是走向了另一个误区。

只有根据不同项目的特性做好来电管理和分析工作，并与最终成交量相结合进行评估，才能正确测定一个广告的投放是否成功。

第二节 房地产媒体运作策略

所谓媒体运作，就是在对各类媒体进行分析评估的基础上，根据市场状况、受众心理、媒体传播特点以及广告预算的情况，选择多种媒体并进行有机结合，在同一时期内发布内容基本一致的广告。广告媒体运作要和市场营销、促销活动等联系起来，从中选择最有效的传播媒体加以实施。

媒体组合分析

媒体组合不是对媒体的简单排列组合，而是经过有机整合，发挥媒体各自特长，弥补各自不足的过程。许多企业利用媒体组合的整体优势，在资金有限的情况下，组合多种费用低、效果相对一般的媒体，仍可形成声势，实现预期的广告目标。

▶ 媒体组合的 3 个作用

媒体组合策略的应用，不仅能有效提高广告宣传的重复率和触及率，还能整合不同媒体的传播优势，最终形成良好的宣传效果。

图1-8　媒体组合的3个价值

（1）提高广告重复率

多种媒体对同一广告信息内容同时传播，在心理上能给消费者造成声势，留下深刻印象，增强广告效益。因此，即使在广告费用不多的条件下，仍能获得较好的宣传效果。

（2）提高广告触及率

单个媒体对广告信息产生的目标市场到达率并不高。即使是覆盖范围较大的媒体，也不可能将有关广告信息送达给目标市场内的大多数人。而运用两个或两个以上的不同媒体，就能把不同媒体所拥有的受众组合起来，使广告能到达更多的目标受众。这是扩大广告影响的一个基本策略。

（3）整合不同媒体的传播优势

媒体组合可将不同广告媒体的优势整合起来，形成合力，从而扩大传播效果。比如"电视+报纸"组合，电视收视率一般比较高，影响较大，能够获得较理想的认知效果；而报纸可以比较详细地介绍有关商品或劳务的信息，帮助目标消费者加深理解。

2 媒体组合的 3 种形式

广告媒体组合既可以在同类媒体中进行，也可以在不同类型的媒体中进行。企业在制定媒体组合策略之前，应当具体分析各类媒体的最佳使用情况。

表1-8　各媒体的最佳使用情况

媒体		使用情况
户外广告媒体		希望在当地销售产品； 希望引起实际的消费行动； 需要建立和强化品牌形象； 产品只需要少量的信息和提示； 资金有限
传统媒体	电视	需要扩展市场覆盖； 产品需要演示； 需要建立和强化品牌； 有足够的资金
传统媒体	报纸	希望扩展市场覆盖； 销售一种可以明确使用的产品； 产品不需要演示； 希望能够提供产品的咨询和购买信息； 有足够的资金
传统媒体	杂志	有明确的目标受众； 不需要对产品进行演示，但你需要真实地再现产品； 需要提供丰富的产品信息； 有足够的资金

续表

媒体	使用情况
网络媒体	目标受众活跃于各大网络媒体； 希望宣传方式更具新意； 希望加强同目标受众的交流互动

同样的广告费与其在同一个媒体刊登多次，不如运用媒体组合策略，有针对性地在多个媒体上各刊登数次。

广告媒体通常有以下3种组合形式。

图1-9　媒体组合的3种形式

（1）视觉媒体与听觉媒体组合

视觉媒体指借助于视觉要素表现的媒体，如报纸、杂志、户外广告、招贴、公共汽车广告等。听觉媒体主要是指借用听觉要素表现的媒体，如广播、音响广告等。

视觉媒体比较直观，能给人以一种真实感；听觉媒体比较抽象，但它能给人以丰富的想象。电视可以说是视听觉完美结合的广告媒体。

（2）瞬间媒体与长效媒体组合

瞬间媒体指广告信息瞬时消失的媒体，如广播、电视等电波电子媒体。

长效媒体一般是指那些可以较长时间传播同一广告的印刷品、路牌、霓虹灯、公共汽车等媒体。

由于瞬间媒体广告一闪而过，信息不易保留，因而要与能长期保留信息、可供反复查阅的长效媒体配合使用。

（3）大众媒体与促销媒体组合

大众媒体指报纸、电视、广播、杂志等传播面广、声势大的广告媒体，其传播优势在于"面"。但这些媒体与销售现场相脱离，只能起到间接促销作用。

促销媒体主要指邮寄、招贴、展销、户外广告等传播面小、传播范围固定，具有直接促销作用的广告，它的优势在于"点"。

采用大众媒体与促销媒体相结合的形式，有利于点面结合，起到直接促销的效果。

表1-9　各媒体的组合搭配分析

媒体组合形式	具体分析
报纸+广播	可以使不同文化程度的消费者都能够接受到广告信息
电视+广播	可以使城市和乡村消费者都接受到广告信息
报纸/电视+售点广告	常常有利于提醒消费者购买已有了感知信息的商品
报纸+电视	可以在报纸广告对商品进行了详细解释之后，再以电视开展广告攻势，产生强力推销的效果
报纸+杂志	可以用报纸广告做强力推销，而用杂志广告来稳定市场；或以报纸广告固定市场，以杂志广告拓宽市场
报纸/电视+直邮广告	以直邮广告为先导，做试探性宣传，然后以报纸或电视开展强力推销广告，也可能取得比较显著的成效
直邮广告+售点广告/招贴广告	在对某一特定地区进行广告宣传时，能够起到巩固和发展市场的作用

某综合大盘项目的媒体组合形式

表1-10　某综合大盘项目的媒体组合

媒体形式		广告内容
报纸	硬广	形象宣传，传播促销信息、活动信息
	软文	阐述形象涵义、项目价值
	新闻	项目事件炒作
户外	项目外围户外大牌	进行项目形象传播
	项目入口户外大牌	进行昭示性项目信息传播，类似"××楼盘欢迎您"
网络	网络硬广	进行轰炸性促销信息、活动信息释放
	网络新闻	结合报广软文和报广新闻，进行项目事件炒作和项目价值传播
电视	30秒及以上	播放项目形象片
	30秒以下	投放促销信息

媒体形式	广告内容
电台	传播项目促销信息、活动信息
电梯及其他媒体	项目促销信息传播

续表

❸ 媒体组合的 4 个要点

媒体组合要遵循以下 4 个要点。

图 1-10　媒体组合的 4 个要点

（1）分析目标受众的媒体使用习惯

优秀的广告往往不是做给所有人看的，而是做给某些特定人群看的。所以，在编写广告创意时要考虑目标受众，在广告投放中同样要考虑目标受众。

选择媒体投放时，要考虑目标受众观看哪些媒体、什么时候观看这些媒体、观看这些媒体的频率是多少、这些媒体对目标受众的覆盖率有多大等。

（2）尽量覆盖所有的目标消费者

媒体能否有效地触及到广告的目标对象，有两个衡量指标。

指标 1：覆盖域

将选中媒体的覆盖域相加，看是否把大多数目标消费者纳入广告影响范围之内。

指标 2：针对性

将媒体的针对性相加，看广告目标消费者是否能接收到广告。

如果这两种形式累加组合，还不能够保证所有目标消费者接收到广告，就说明媒体组合中还存在着问题，需要重新调整。但是也要注意，媒体覆盖的范围不能过多地大于目标市场的消费者，以免造成浪费。

（3）选取媒体影响力的集中点

媒体的影响力主要体现在两个方面：

①量的方面，它指的是媒体覆盖面的广度，即广告被接触的人数越多，影响力越大；

②质的方面，指的是针对目标消费者的广告说服深度，即媒体在说服力方面的效果。

组合后的媒体，其影响力会有重合。重合的地方，应是企业的重点目标消费者，这样才能增加广告效益。如果媒体影响力重合在非重点目标消费者上，甚至是非目标对象上，就造成广告经费的浪费。

因此，企业要以增加对重点目标消费者的影响力为着眼点，确定媒体广告的投放方向，避免造成资源浪费。

（4）分析竞争对手的媒体策略

分析竞争对手的媒体策略，了解他们的广告排期、投放分量和媒体选用情况，有助于企业确定自身的媒体投放方案。比如，某个竞品习惯在四、五月份作重点出击，针对这种情况，企业可以选择在三月份先行出击，得占市场先机。

媒体广告费用估算

大多数企业在新产品上市初期都会遇到一个比较难决策的问题：如果投入广告费用过多，将会造成广告费用无端浪费；如果投入广告费用太低，广告就无法有效拉动市场销售，市场反应将会出现不冷不热的尴尬状态。更多的企业则是凭借所谓的经验、直觉来投放广告。

▶1 广告费用的"有效临界值"

首先，了解关于广告投入的"有效临界值"概念，有助于广告主更科学、更合理地制定其广告费用计划。

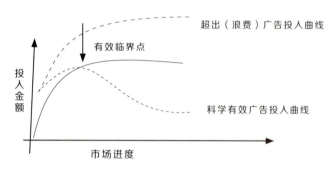

图 1-11 广告费用有效临界值坐标图

从上图可以看出，当广告费用投入达到一定的额度时，销售额便达到峰值，而在此时若继续追加广告费用投入势必无法继续拉动销量，反而会加大销售成本，使销售利润降低，收益受损。因此，要经过专业合理的计算而确定投放广告费用。这需要营销部门事先较为准确地预计出合理的广告投放量和广告费用的有效临界值。

❷ 项目广告费用估算步骤

表 1-11 项目广告费用估算步骤

步骤	计算公式
计算目标市场目标人群数量大小	市场总人口数 × 购买率 = 目标人群数
计算该商品房的市场容量大小	目标人群数 × 平均购买金额 = 市场容量
计算该商品房的总市场份额大小	该商品房市场容量 × 该商品房市场占有率 = 该商品房的总市场份额
计算该商品房的预计总销售额	该商品房的市场份额 × 该商品房购买率 = 该商品房的预计总销售额
计算单位营销年度的市场平均销售份额	该商品房的预计总销售额 ÷ 预计市场寿命周期 = 单位营销年度的市场平均销售份额
计算该年度广告投放总金额	单位营销年度的市场平均销售份额 × 预计广告投放比例 = 该年度广告投放总金额
计算平均每月投放额度	单位营销年度的市场平均销售份额 ÷ 12 个月 = 平均每月投放额度

❸ 广告费用的四种估算方法

灵活运用以下四种广告费用的估算方法，可以有效避免广告的盲目投放。

图1-12 广告费用的4种估算方法

（1）百分比率法

百分比率法：以一定期间的销售额或利润额的固定百分比编制广告费用预算。

销售额包括以下内容：

①根据历年销售额的平均数；

②根据报告年度销售额；

③根据计划年度预测销售额；

④根据前三项的平均数，或其中两项的平均数。

利润额包括以下内容：

①根据历年利润额的平均数；

②根据报告年度利润额；

③根据计划年度预测利润额；

④根据前三项的平均数，或其中两项的平均数。

应用策略

在销售额和利润额中，使用纯销售额或纯利润额，比使用总销售额或毛利润额更为合适。而使用利润额又比使用销售额更合适。

适用情况

适用于增长率稳定、统计资料齐备以及预测能力强的企业。

不足之处

不能灵活地适应市场上复杂多变的情况。

（2）变动比率法

变动比率法

根据商品生命周期变化情况，以及市场环境变化情况编制广告预算。

适用情况

在商品寿命周期初期，销售额及盈利额很小，而广告费很高；在成长期，销售额及盈利额很快上升，而广告费用呈现下降趋势；在成熟期，销售额及盈利额继续增长，广告费用也继续增长；到了饱和期和衰退期，销售额及盈利额很快下降，广告费用也急速下降。

这种方法主要考虑到商品生命周期，同时也酌情考虑市场上其他变动情况，以合理确定广告费用的比率。

（3）目标达成法

目标达成法

根据计划期广告活动目标来确定计划期完成广告活动目标所需要的经费，从财务方面确保目标能够顺利达到。

不足之处

此法编制预算有一定的难度，且在执行过程中不容易调整经费。

（4）支出可能法

支出可能法

根据企业财务的可能承受能力，来确定广告费用预算。这种根据财务能力确定预算的方法，符合"量入为出"的经营原则。

适用情况

企业在繁荣时期多投入广告费，可开发更大的市场，有利于企业实现长远的经营目标，使资金发挥更大的经济效益。使用这种方法要注意预算的计划性、合理性和周密性，尽可能地减少盲目性。

××公司2014年媒体投放建议及费用预算

一、电视媒体

1.××广播电视台

建议全年在新闻综合频道《××播报》栏目投放15秒品牌形象广告即可，以树立公司品牌形象为主。

投放理由

①作为市级最大主流媒体，其广告效应相对较好，因其他频道收视率堪忧，故建议只投新闻综合频道收视相对较高的栏目《××新闻》或《××播报》。而相比一下，首先是《××播报》的收视率更高、关注群体更为广泛；其次是二者为同一频道，而且时间相隔较近，《××播报》播出时间段更为合适。故建议只投《××播报》即可。

②因其广告成本相对较高，针对房产电视广告的特点，故建议投放15秒时长为宜，同时以品牌广告为主，注重提升公司品牌、树立精品楼盘形象即可。

③维护良好的媒体关系，不至于产生负面报道。

费用预算

全年《××播报》15秒中插广告70万元。

2.区县级电视台

建议分阶段，根据实际需要选择临时性投放，以30秒项目促销广告为主。

投放理由

①区县级电视台本身收视率较低，区域范围相对较窄，覆盖人群也相对较少，广告效应自然较差，加之广告成本也相对较高，故不建议全年长期投放。

②若遇开盘、开业等重大商业活动，为了达到全面的宣传氛围，可选择部分区县级电视台进行临时投放，而且以促销广告为宜。

费用预算

因属临时性投放，故暂不做预算。

二、广播媒体

××广播电台，与××广播电视台为同一家单位，建议全年在交通广播频率投放15秒品牌广告即可，以品牌广告为主，促销广告为辅。

投放理由

①作为市级唯一的广播媒体，有一定的广告效应，因其他频率收听率偏低，故建议只投收听率相对较高的交通广播。随着车辆保有量的增加，开车一族收听交通广播的人越来越多，加之有

一档专门针对的哥的姐的《的士大联播》节目，所以该市的出租车基本上都是收听的该频率。

②针对房产广播广告的特点，故建议投放 15 秒时长为宜，同时以品牌广告为主，注重提升公司品牌、树立精品楼盘形象即可。

③台标品牌广告，每个整点，全天 18 次，相比之下效果更好，性价比更高。

费用预算

全年 29 万元。

三、报纸杂志

1.《××日报》

建议分阶段性临时投放全版广告即可，以项目促销广告为主。

投放理由

①作为市级主流媒体之一，有一定的广告效应；

②因报纸类媒体自身的特点，不适合长期投放，故建议根据需要，比如开盘、开业等重大商业活动，进行临时投放；

③维护良好的媒体关系，不至于产生负面报道。

费用预算

因属临时性投放，故暂不做预算。

2.《××晚报》

建议分阶段性报投放全版广告即可，以项目促销广告为主。

投放理由

①作为市级主流媒体之一，有一定的广告效应；

②因报纸类媒体自身的特点，不适合长期投放，故建议根据需要，比如开盘、开业等重大商业活动进行临时投放；

③维护良好的媒体关系，不至于产生负面报道。

费用预算

因属临时性投放，故暂不做预算。

3.《××周刊》

建议分阶段性临时投放软文专题解读即可，以项目解读为主。

投放理由

①有一定的广告效应；

②因其是周刊，时效性较差，而且多为深度报道，故适合做软文专题解读；

③维护良好的媒体关系，不至于产生负面报道。

费用预算

因属临时性投放，故暂不做预算。

4.《××都市报》

建议分阶段性临时投放专题广告即可，以项目促销广告为主。

投放理由

①其主报《××都市报》因是××发行，故不太合适。但其《××城市读本》××新闻版，主要是××、××、××、××地区同时发行，有一定的广告效应，有利于提升公司及项目在××地区的知名度。

②因报纸类媒体自身的特点，不适合长期投放，故建议根据需要，比如开盘、开业等重大商业活动进行临时投放。

③维护良好的媒体关系，不至于产生负面报道。

费用预算

因属临时性投放，故暂不做预算。

四、网络媒体

网络房产广告，楼盘等信息显示最为全面，方便有了解、购买意向的人群查询。建议以××零距离网络为主，其他网站为辅进行投放。

网络板块费用预算

58.76万元。

1. 中国网××频道

建议投放全年网站首页和房产频道顶部通栏广告位，链接公司网站，项目促销广告和品牌形象广告并重。

投放理由

①属于国家级网络媒体，虽然具体细分到××频道，关注度减弱，但就××范围来看，还是有一定的影响力，有一定的广告效应。

②目前该网站暂无其他房产广告，因此首家进入，其广告成本就会相对较低。

③维护良好的媒体关系，不至于产生负面报道。

费用预算

全年5万元。

2.××新浪乐居+百度推广

建议投放全年网站首页顶部通栏广告位，并制作楼盘页面（赠送百度乐居），同时辅以百度推广。

投放理由

①属于国家级网络媒体，虽然具体细分到××频道××频道，关注度减弱，但就××范围来看，还是有一定的影响力，有一定的广告效应。

②属于房产类专业网站，有全国运营管理经验及支撑。同时，因其与百度属于合作伙伴，所以百度乐居楼盘页面属于免费赠送。

③其百度推广，能保证我们的楼盘在百度搜索后，排在第一位，方便网上查询了解项目。

④维护良好的媒体关系，不至于产生负面报道。

费用预算

全年 8 万元。

3.××新闻网

建议投放全年网站房产频道中部通栏广告位，链接公司网站，项目促销广告和品牌形象广告并重。

投放理由

①有一定的广告效应；

②维护良好的媒体关系，不至于产生负面报道。

费用预算

全年 2.5 万元。

4.零距离网络

建议投放全年网站首页和房产频道顶部通栏广告位，并开设楼盘页面，项目促销广告和品牌形象广告并重。

投放理由

①目前是××关注度最高、综合影响力最大的网站，广告效应较好，但其广告成本也相对较高；

②维护良好的媒体关系，不至于产生负面报道。

费用预算

全年 20 万元。

5.××尚游网媒

建议投放全年网站房产频道顶部通栏广告位，并开设楼盘页面，项目促销广告和品牌形象广告并重。

投放理由

①有一定的广告效应；

②维护良好的媒体关系，不至于产生负面报道。

费用预算

5.76 万元。

6.××在线

建议投放全年"微服务－房产"即可，项目促销广告和品牌形象广告并重。

投放理由

①其网站首页通栏广告位全年优惠价为 12 万元，广告成本较高，故建议不投放；

②其"微服务－房产"属于手机微信推广平台，是其开发的新产品、新服务，必定全力打造推广，有一定的广告效应。加之公司在手机媒体推广方面一直处于空白，随着手机媒体的发展，其作用和广告效应将会进一步提升；

③其"微服务－房产"，目前广告成本较低，全年价格为 21780 元；

④维护良好的媒体关系，不至于产生负面报道。

费用预算

全年 2 万元。

7. ××房产网

建议投放全年网站首页中部通栏广告位，并开设楼盘页面，项目促销广告和品牌形象广告并重。

投放理由

①最为专业的房产家居类网站，有一定的影响力；

②其网站首页顶部通栏广告位全年优惠价为 15 万元，经商谈，最低为 12 万元，广告成本较高。故建议不投放在首页顶部，投放在首页中部即可，全年优惠价为 6 万元；

③维护良好的媒体关系，不至于产生负面报道。

费用预算

全年 6 万元。

8. ××金江网

建议投放全年网站首页（赠送房产频道和新闻频道）通栏广告位，项目促销广告和品牌形象广告并重。

投放理由

①有一定的广告效应；

②维护良好的媒体关系，不至于产生负面报道。

费用预算

全年 3 万元。

9. 新浪微博推广

因属于预存费，即时推广即时消费类型，所以充值多少可以根据实际情况来定。

投放理由

①可根据促销推广需要，精准选定目标客户群；

②以此为契机，建立公司自己的官方微博平台；

③费用充值多少，消费多少，可以由自己来定。

费用预算

建议暂时先充值 1 万元。

10. ××视频网

建议投放全年网站首页顶部通栏广告位，链接公司网站，并在网站展示公司形象宣传片、项目推广宣传片。

投放理由

①作为××唯一有资格发视频的网站，有一定的广告效应；

②目前其正在建设网络电视台，现在投放，广告成本较低。

费用预算

全年 5 万元。

五、户外广告媒体

此类媒体占××本土所有媒体综合影响关注度约为 15%，建议投放量占总比例的 15% 为宜。

1.LED 户外大屏

待全市户外 LED 户外大屏建设完成后，建议全年投放 10 秒形象广告即可，以树立公司品牌形象为主。

费用预算

建设尚未完成，暂不做预算。

2. 楼体立面广告

由于基本上都已经被集中清理，故在此不做预算。

3. 单立柱广告

由于基本上都已经被集中清理，故在此不做预算。

4. 道旗广告

建议选择以××大桥、××大桥、××大桥等车流量大的桥梁为主，××路、×街、××街、××商业步行街等人流量大的城市主通道为辅进行投放。

5. 车身广告

建议选择区域覆盖面较广的 4 路、5 路、7 路、19 路等线路进行投放。

6. 路牌广告

建议选择××路、××街、××街等人流大的主街道的路牌进行投放。

7. 公交站牌广告

建议选择区域覆盖面较广的×路、×路、×路、×路等线路进行投放。

8. 其他形式

建议暂不考虑，不过可以根据实际需要，临时投放。

六、手机媒体

1. 腾讯微信推广

建议投放全年推广。以品牌形象宣传和项目促销宣传并重，并实时更新。

投放理由

①因其尚处于广告成本较低，用户接触率较高的发展阶段，故建议投放；

②可根据 LBS 定位区域，精准位置，定向推送，凡是区域内有微信的用户，可强制性推送，一天可达 5 万人次，一个月可推送 150 万条内容。

费用预算

全年 5 万元。

2.××手机报

建议不投放。

不投放理由

①因其是××新闻网的精编版，加之是官方媒体，基本上属于强制订阅，故投放价值不大；

②因其从属于××新闻网，只要在新闻网投放了广告，就维护了媒体关系，不至于产生负面新闻。

七、其他媒体

1. 立影传媒＋桌影传媒广告机

建议全年投放。

投放理由

①广告成本相对较低，有一定的广告效果；

②其分布比较广泛，目前在各大型超市、商场、影院、会所等共有 40 个点位的立影传媒广告机和西餐厅等共有 300 个点位的桌影传媒广告机；

③给手机用户多提供一个扫描公司微信、微博二维码的渠道。

费用预算

全年 7 万元。

2. 电影院线影片放映前贴片

建议全年投放 15 秒形象广告，以树立公司品牌形象为主。

投放理由

①有一定的广告效应；

②随着电影放映前播放，增加接触群体，提升公司品牌形象。

③因是公司合作伙伴，广告成本相对较低。

费用预算

全年 8.4 万元。

3. 公交车内扶手广告

建议选择区域覆盖面较广的×路、×路、×路、×路等线路进行投放。

八、自有媒体

1. 视频类

一是保持现有的，二是建议待项目建成后，选择合适的位置，增加室内外 LED 大屏和电视的数量。用于宣传公司品牌形象和项目推广等。

此处暂不做预算。

2. 印刷类

一是保持现有的,二是建议发行针对公司内部员工、业主、客户及潜在客户以及友好合作单位等的杂志类刊物《鹏程》(暂定名),用于宣传公司文化和项目情况等内容,以达到项目促销和树立公司品牌形象的目的。时机成熟时,可以作为全市优秀房产类杂志来推广。

《鹏程》季刊,最开始发行量设计为1000册/期。

费用预算

全年约8万元。

3. 定点类

主要是售楼处看板、概念样板房、工地围墙及户外等。一保持现有的,二是建议实时更新。

4. 会员类

建议设立××俱乐部,建立相关数据库,并发行充值类型的会员卡,凡是俱乐部的会员,可以持卡享受公司旗下所有卖场(包括奥莱、酒店、影院、歌城等)优惠。

5. 信息类

建议完善公司的宣传网站、微博、微信平台,增加互动交流。特别是公司网站,因目前我们投放在媒体网站的部分通栏广告位,是直接连接我们公司网站的,所以必须完善公司网站,以达到项目促销和树立公司品牌形象的目的。

6. 社区类

建议待项目建成后,社区就有了广告价值,进行完善。比如电梯广告、导示系统广告等。

以上所有媒体,除报纸杂志和户外媒体以外,包括:电视媒体、广播媒体、网络媒体、手机媒体和其他媒体,总费用预算为:178.16万元。

媒体投放效果评估

媒体投放效果,从狭义上说,指的是在媒体投放广告取得的经济效果,即广告达到既定目标的程度,就是通常所包括的传播效果和销售效果;从广义上说,广告效果还包含了心理效果和社会效果,在这里主要是指消费者对品牌认可度的心理效果,以及品牌知名度、信誉度对社会产生的积极效果。

1 媒体投放效果量的评估

媒体投放效果量的评估是指从定量的角度来评估媒体投放的效果。评估的指标一般有四个：媒体的到达率、频次、毛评点和千人成本。

图 1-13　媒体投放效果量评估的指标

指标 1. 到达率、频次和毛评点

表 1-12　广告效果量的评估分析

衡量指标	具体含义	具体分析
到达率	衡量在一定时期内，目标受众当中有多大比例会看到、读到或听到所传播的广告信息	电视、广播媒体到达率的周期一般为四周；杂志、报纸的到达率通常以某一特定发行期经过全部读者的寿命期间为计算标准
频次	在一定期间内，目标广告消费者对同一广告接触的平均次数	对目标消费群体的一次广告接触只有轻微的效果或者根本没有效果；两次接触是一个有效的起始水平；三次接触能够产生最理想的广告效果
毛评点	用来衡量某个目标市场上一定的媒体努力所产生的总影响力，又称总收视率或总收听率	毛评点 = 到达率 × 频次，比如，某电视节目的收视率是 20%，而播放频次是 3 次，那么毛评点就是 60%，即有 60% 的受众接触了广告

由上表可见，到达率和频次是互为反比的，在广告媒体预算一定的情况下，两者只能强调其一。当到达率被强调时，对那些低价位产品、时尚产品和新产品信息是有利的；当频次被强调时，对复杂的广告信息和对付强大的竞争对手是有效的。

因此，企业应根据自身的广告策略处理好到达率与频次之间的关系，从而以可供支配的有限资源赢得最佳的广告效果。

指标2. 千人成本

千人成本：简称CPM（Cost Per Thousand），即是由某一媒体或媒体广告排期表所送达1000人所需的成本。它明确地显示出在某一媒体发布广告的直接效益。

一般来说，千人成本较低，广告成本也较低，但不能因为选择成本较低的媒体而忽视其传播效果。一般来说，千人成本与广告传播效果无法直接比较，成本较高的媒体其传播效果不一定好。因此，应综合比较分析媒体的各种特性，在不超出广告预算的情况下，尽量使媒体发挥其更好的效用。

CPM常用于同类媒体中两种媒体（杂志和杂志）或两类媒体（杂志与电视）的比较。

CPM=（广告费用/到达人数）×1000。

千人成本高低排列：一般来说，我国主要媒体的千人成本，从高到低分别为电视、杂志、报纸、电台、户外。

▶ 媒体投放效果质的评估

媒体投放效果质的评估是指从定性角度来评估媒体投放效果，是媒体不可计量的方面。主要从目标受众和传播媒体这两个角度进行评估。

图1-14　广告效果质的评估分析

角度1. 目标受众

首先，不同消费者因价值观、性格特征、兴趣取向、生活习惯不同，对媒体的接受能力和接受习惯不尽相同。当媒体受众特性与广告受众特性之间出现大的偏差时，知名度将无法集中于最有销售潜力的消费群，导致购买率不及预期。

其次，受众对媒体内容的关注程度影响广告效果。受众对媒体内容的关注程度是指受众对节目的收看频次及连续性、主动选择收看或被动参与收看、节目的喜欢程度及错过收看的失望程度等。某著名广告公司做过一项媒体研究，其报告指出：关注度较高的节目相对于关注度一般的节目，消费者收看广告的意愿平均提高了近 50%，广告记忆度也平均提高了 30%，这些证明了媒体的质量对广告效果的影响。

角度 2. 传播媒体

第一，媒体符号环境对广告的传播效果有着直接的影响。

一个广告周围的新闻（节目）以及这些新闻（节目）在媒体产品中的时间编排、版面设置，构成了该广告的媒体符号环境。媒体为广告提供的不仅仅是时间和版面，也提供了其赖以生存的"符号环境"。当新闻（节目）的内容与广告诉求趋于一致的时候，受众的认可度会提高；反之，当二者相冲突相背反的时候，受众的认可度就会降低。

第二，媒体的形象、地位、风格和广告环境都会影响广告效果。

表 1-13　影响广告效果的 4 个媒体因素

媒体因素	影响效果
形象	媒体本身形象吸引具有相同心理倾向的受众，因此对类似形象的品牌或创意具有较高的媒体价值
地位	媒体在类别里所占的地位也对广告传播效果有影响，处于领导地位的媒体对受众的说服效果也较强。媒体的信誉好、社会地位高，有助于提高广告商的可信任性，可以借媒体地位和信誉说服目标消费者
风格	不同的媒体会有不同的属性和风格，媒体的风格应与广告主的产品或属性相一致或接近
广告环境	媒体广告环境是指媒体承载所有广告呈现的媒体环境，如果媒体中其他广告都是形象较佳的品牌或品类，受连带影响，本品牌也会被归为同等形象的品牌

❸ 媒体广告效果指数计算方法

表 1-14　广告效果指数分析范例表格

客户统计		广告认知		合计人数
		看过广告者	未看过广告者	
购买意向	有	a	b	$a+b$
	无	c	d	$c+d$
合计人数		$a+c$	$b+d$	N

a = 看过广告而有购买欲望的人数

b = 未看过广告而有购买欲望的人数

c = 看过广告而没有购买欲望的人数

d = 未看过广告也没有购买欲望的人数

N = 总人数

广告效果指数（AEI：Advertising Effcetiveness Index）计算公式：

$AEI = [a - (a + c) \times b / (b + d)] / (a + b + c + d)$

AEI 定义：AEI 就是纯粹因看了广告且受广告的影响而购买该商品的消费者占全体消费者的比例。AEI 值越大，表明当期投放广告的效果越好。

④ 媒体投放效果分析报告模板

①媒体投放时间、地点、渠道、频次等情况说明。

②媒体投放内容说明。

③广告传播效果分析（分析广告影响品牌使消费者在"认知—记忆—理解—偏好—购买"各传播阶段的效果）。

④销售效果分析（分析广告带来的销售量/提高的效果）。

⑤广告投放效果分析（采用图表、数据分析说明）。

客户认知途径情况分析；

投放媒体来访客户年龄分析；

投放媒体来访客户职业分析；

投放媒体来访客户区域分析；

投放媒体来访客户可承受价格分析；

投放媒体来访客户需求面积分析。

⑥广告成本效果分析（分析比较广告支出单位成本的高低）。

⑦目标消费群分析（分析不同目标群体的消费特征）。

某项目季度整体媒体效果评估

一、整体媒体效果评估

第二季度（4.1～6.30），项目进线量564批，高层到访900批，成交189套。别墅到访432批，成交114套。

1. 短信

2013年第二季度进线75批，占进线总量的13.3%，到访高层3批，占比0.3%。别墅到访10批，占比2.3%。

短信效果评估：采取商业短信+定点短信组合投放策略，以××首创190平方米别墅刺破市场，可以长期维持项目形象及市场热度，二季度短信投放效果良好。

短信策略建议：针对目前主推高层，仍建议定点短信+商业短信组合投放模式，商业短信常规节点投放，定点短信重大节点爆破。以学区学位、产品、活动信息宣传为主等。

2. 户外广告牌

第二季度户外广告牌进线186个，占来电比例33%；到访高层160批，占来访比例17.8%；别墅75批，占别墅来访比例的17.4%。通过户外高层成交8套、别墅成交11套。

户外效果评估：户外一直是保证项目进线量、到访量的主要渠道之一，在成交中也占有一定的比例。户外是项目形象维持的最主要媒体，对进线和到访均有很大影响，需要长期投入。

户外广告牌投放策略建议：项目下半年重点转向高层推广，需要维持良好的项目形象和项目热度，需保留户外资源的战略点位，同时针对高层目标客户区域，重大节点投放临时点位。

3. 网络

网络第二季度进线86批，占总进线量的15.2%，高层到访79批，占高层到访总量的8.8%，别墅到访39批，占别墅到访总量的9%，高层成交16套、别墅成交11套均是来源于网络。

网络效果评估：网络条、网络炒作、微博、微信等能够让一些有购房意向的客户以最便捷、详尽的方式了解到项目信息；从进线、到访以及成交数据中可以看出，网络属于项目最重要的媒体推广渠道之一，第二季度网络投放进线和到访均有良好表现，整体投放效果良好。

网络投放策略建议：针对下半年高层集中推广，更应加大网络投放力度。重要网络渠道重点投放，同时结合学校、高铁、活动信息持续密集的新闻及网络炒作投放，同时利用微博、微信等新网络渠道对项目进行全方位宣传推广。

4. 电视

第二季度进线22批，高层到访5批，别墅到访13批，成交高层2套、成交别墅4套。

电视台投放效果：开机广告、都市财经频道等新闻资讯等于别墅开盘前后集中投放，整体进线、到访、成交促进效果一般，但对于促进高端客户认知有一定效果。

电视台投放策略建议：配合项目重大营销节点，可甄选收视率较高的电视台、特定时间段节目集中投放。

5. 电台

第二季度电台进线24批，到访高层20批、别墅9批，高层成交3套、别墅成交2套。

电台效果评估：电台投放主要分为两部分，一是连线、专访，另一部分是15秒硬广。从客户反馈情况来看，连线、专访会系统地介绍项目的核心价值点，这些价值点也普遍被客户所接受，从而形成进线到访转化。电台整体投放整体效果良好。

电台投放策略建议：电台专访、连线类在市场上的爆破性很强，且能够系统介绍项目最新信息。而硬广则能够贡献持续稳定的进线和到访，后期营销节点建议还是以专访、连线刺破市场，后续硬广维持热度的形式投放。

6. 报纸

第二季度进线13批，到访高层3批、别墅5批，高层成交2套、别墅成交1套。

报纸效果评估：针对D区别墅推广，重大节点全面启动如××特区报、××都市报等投放，同时有持续上班杂志投放，整体进线、到访、成交效果一般。

报纸投放策略建议：项目重大营销节点可配合其他媒体大范围投放，集中爆破，由于投放成本过高，不适合长期或多次投放。

7. 灯杆旗、路旗

第二季度灯杆旗、路旗等进线26批，占来电比例4.6%；高层到访72批，占来访比例8.0%；别墅到访28批，占别墅到访的6.5%；其中，高层成交12套，别墅成交4套。

灯杆旗、路旗效果评估：灯杆旗、路旗是项目维持本地项目形象的重要渠道，对于项目到访、成交起到重要作用，同时对来往××两地的车辆具有引导作用，并能分流其他项目客户，需要长期投入。

8. 山姆巡展

4月4日~14日（11天）、5月25日~31日（7天）共计18天的山姆会员店巡展，来电5批，占来访高层5批，高层成交客户有2批来自于山姆巡展；来访别墅6批，占来访比例2%，别墅成交客户中有3批来自于山姆巡展。

山姆巡展效果评估：阶段性地在山姆会员店做巡展，有助于挖掘潜在高端客户，特别在本次效果显著，建议以后可以在节假日等在山姆做短期巡展。

9. 电梯框架、道闸

第二季度，框架道闸进线 4 批，到访高层 1 批，到访别墅 2 批，成交高层 1 批。

道闸框架效果评估：作为终端广告媒介，道闸、框架效果可能会受其他推广渠道影响有一定的效果覆盖，但从二季度客户成交区域来看，可以发现在停车场道闸、电梯框架等投放的一些社区有一定的成交客户。建议以后可在重点节点前做短期集中爆破。

二、媒体效果评估与分析

1. 各媒体项目评估维度

表 1-15　各媒体项目评估维度

评估维度	媒体项目										
	总量	户外	灯杆旗	网络	电台	电视	报纸	短信	框架	山姆巡展	地铁广告
来电（人）	564	186	26	86	24	22	13	75	4	5	5
费效比	—	0.9	1.0	1.4	2.7	3.1	5.2	0.4	18.0	2.4	—
来访高层（人）	900	160	72	79	20	5	5	6	1	1	1
费效比	—	1.0	0.4	1.5	3.3	13.8	13.4	4.7	72.0	12.0	—
来访别墅（人）	432	75	28	39	9	13	5	10	2	2	2
费效比	—	2.2	1.0	3.1	7.2	5.3	13.4	2.8	36.0	6.0	—
成交高层（人）	189	8	12	16	3	1	3		1		
费效比	—	20.4	2.3	7.5	21.7	69.0	22.3		72.0		
成交别墅（人）	114	11	4	11	2	4	1	—		3	1
费效比	—	14.9	6.8	10.9	32.5	17.3	67.0	—		4.0	
投放成本（万元）	—	163.5	27	120.4	65	69	67	28	72	12	—
费效比		8.6	1.7	4.5	13.0	13.8	16.8		72.0	4.0	

注：费效比按照每一个来电或者来访、成交等来算一个客户花费多少钱。

费效比 = 投放成本 / 来电（或来访、成交数量）

数值最小（即得到一个客户花费最少）的费效比最高。

2. 各媒体项目费效比评估

来电：短信＞户外＞灯杆旗＞网络＞山姆巡展＞电台＞报纸＞框架。

来访高层：灯杆旗＞户外＞网络＞电台＞短信＞山姆巡展＞电视、报纸。

来访别墅：灯杆旗＞户外＞短信＞网络＞电视＞山姆巡展＞电台＞报纸＞框架。

成交高层：灯杆旗＞网络＞户外＞电台＞报纸＞电视＞框架＞短信、山姆巡展。

成交别墅：山姆巡展＞灯杆旗＞网络＞户外＞电视＞电台＞报纸＞短信、框架。

从高层及别墅成交数据来看，整体费效比：灯杆旗＞山姆巡展＞网络＞户外＞电台＞电视＞报纸＞短信。

结论：

①灯杆旗、户外、网络：是费效比较佳、未来在费用有限的情况下优选的重点媒体渠道；

②电台、山姆巡展、高端活动：有一定的扩大影响、带动作用，可节点投放；

③电视广告、报纸：属不经济投放，费用高而效果反馈不理想。作为节点投放建议都要控制并减少，同时应精心选取一些收视率较为稳定的频道、节目及重点时间段集中投放；

④短信：因智能手机屏蔽、短信泛滥等问题，效果越来越弱，可减少投放，同时可选用有针对性、可达性高的定点短信投放模式。

3. 媒体投放建议

①从三个月媒体效果来看，因 4～5 月媒体投放力度大，整体推广效果较好；

②从单个媒体效果来看，户外、灯杆旗、网络、电台等是项目来电、来访、成交的主要媒体渠道，投放效果保持稳定，可作为项目长期持续媒体投放渠道；

③短信对于进线贡献大，但转化成为来访以及成交效果有限，但不显著。结合定点短信作为间断性投放，主要对于节点、假期、周末活动投放；

④电梯框架、道闸广告等媒体投放，效果不是立竿见影，持续性较大，潜移默化影响投放区域人群，并与其他渠道交叉形成影响，可作为阶段性投放，点位要精选；

⑤电视、报纸等即时效果显著，但存在不确定性，可作为节点选择；

⑥山姆巡展等线下拓展渠道效果显著，建议根据成交客户地图精心挑选点位，配合多种巡展形式，深度挖掘潜在客户。

第二章 TWO

地产项目形象营销策略

形象包装是楼盘销售的利器这个定论,已经被许多楼盘所验证,具有可操作性和实践性。包装得好,使楼盘品质发生重大变化,不断提升楼盘价值,使楼盘始终处于一种高尚状态。

楼盘 VI 设计

楼盘形象设计是房地产形象策划的核心部分，能帮助房地产项目将楼盘理念、楼盘形象以及楼盘的整个优势传递给公众，让消费者对楼盘产生良好的印象。

楼盘 VI 设计内容分为两大系统：一是 VI 设计的基础设计系统；二是 VI 设计的应用设计系统。其中，应用设计系统是基础设计系统的扩展和延伸，是整个企业形象的传播媒介。

楼盘 VI 设计的 4 个原则

楼盘 VI 设计应遵循以下 4 个原则：以楼盘为中心的原则、同一性原则、艺术性原则以及差异化原则。

图 2-1　楼盘 VI 设计的 4 个原则

▶1 以楼盘为中心的原则

楼盘 VI 设计必须根据楼盘自身情况，充分传达出楼盘的设计理念。脱离了价值理念、企业精神符号，不是成功的楼盘 VI 设计。例如：奥林匹克花园，为了突出其运动与健康的主题，标志为流畅的圆环，颜色为奥林匹克五环的颜色，这样的标志既醒目、独特，又与楼盘的价值理念密切结合。

❷同一性原则

为了实现楼盘形象对外传播的一致性与连贯性，企业进行楼盘 VI 设计时应将楼盘信息有序化、统一化，把各种形式传播媒体上的形象统一，创造储存与传播相统一的企业理念与视觉形象，并坚持长期一贯地运用，不轻易进行变动。

图 2-2　奥林匹克花园 logo

要达成同一性，实现 VI 设计的标准化导向，必须采用简化、统一、系列、组合、通用这五种手法对企业形象进行综合的整形。

表 2-1　同一性设计原则的 5 种手法

手法	具体做法
简化	对设计内容进行提炼，使楼盘系统在满足推广需要前提下尽可能条理清晰、层次简明，优化系统结构。如 VIS 中，构成元素的组合结构必须化繁为简，有利于标准的施行
统一	为使信息传递具有一致性和便于社会大众接受，应该把和楼盘或企业形象不统一的因素加以调整。楼盘名称、logo 应尽可能地统一，给人以唯一的视听印象
系列	对设计对象组合要素的参数、形式、尺寸、结构进行合理的安排与规划。如对楼盘广告、包装系统等进行系列化处理，使其具有家族式的特征、鲜明的识别感
组合	将设计基本要素组合成通用较强的单元，如在 VIS 基础系统中将标志、标准字或象征图形等组合成不同的形式单元，可灵活运用于不同的应用系统，以保证传播的同一性
通用	即设计上必须具有良好的适合性。如标志不会因缩小、放大产生视觉上的偏差，线条之间的比例必须适度，如果太密，缩小后就会并为一片，要保证大到户外广告，小到名片均有良好的识别效果

❸艺术性原则

房地产企业标志、标准字等视觉识别是一种视觉艺术。同时，对视觉欣赏过程也是一种审美过程。因此，视觉设计必须符合美学原理，适应人们审美的需要。为了更好体现房地产企业理念和实态，房地产企业视觉设计必须简洁明了。

❹差异化原则

楼盘形象为了能获得社会大众的认同，必须是个性化的、与众不同的，因此差异性的设计原则十分重要。

楼盘 VI 要个性化、与众不同，就必须发掘企业、楼盘独特的文化观念，塑造鲜明的企业文化和楼盘形象，设计出不同凡响的视觉标志。

楼盘基础设计系统的 3 个要素

楼盘 VIS 的基础设计系统，主要由楼盘案名、标志（logo）、楼盘标准字以及标准色这三个基本元素组成。

图 2-3　楼盘基础设计的 3 个要素

1 楼盘名称策划

楼盘名称是面向市场的第一诉求，一个极具亲和力并给人以审美愉悦的楼盘名称，可让客户产生美好的第一印象，并会加强置业者的购买信心。

楼盘名称或文化底蕴深厚，或灌输新居住理念，或反映地域特征，或展示品牌形象，或诉说亲情温馨，或祝福祈祷，或衷心祝愿等。

具体而言，一个优秀的楼盘命名应当满足如下四个要点：简洁、响亮、独特、新颖。

要点 1. 简洁

简洁指的是名字单纯、简洁明快，字数不能太多，要易于传播。

要点 2. 响亮

响亮指楼盘名称要朗朗上口，发音响亮，避免出现难发音或音韵不好的字。

图 2-4　楼盘命名的 4 个要点

要点 3. 独特

独特指的是楼盘名称要彰显出独特的个性，并与其他楼盘有明显的区分或表达独特的内涵。

例如"中海北滨 1 号"，其楼盘定位为城市滨江水岸别墅社区，"1 号"二字就具有豪宅的霸气，这样的命名容易让人过目不忘。

要点 4. 新颖

新颖指楼盘名称要有新鲜感，特别是具有时尚感这方面，要善于借助项目创造新概念。楼盘命名应尽量避免使用"公寓""广场""中心"等大众化易雷同的常用名词。

例如，"金科蚂蚁 SOHO"这个楼盘名称听起来既独特又有新意。蚂蚁象征着勤奋，与金科蚂蚁 SOHO 提倡的移动办公形象结合在了一起，颇有创新性。

❷ 楼盘标志（logo）设计

楼盘标志指的是通过造型单纯、意义明确的统一标准视觉符号，将楼盘的文化、特征等要素，传递给社会大众，提供识别与认同。

一个好的标志不仅能够引发联想，同时还能促使消费者产生好感，有利于消费者识别、认识该楼盘，从而达到塑造形象、促进销售的目的。

例如：前文提到的奥林匹克花园，便是比较成功的楼盘标识。

❸ 标准色使用

标准色是指企业形象的某一特定色或某一组色彩系统。它常与楼盘标志、标准字等配合使用，被广泛应用于楼盘广告、员工服饰及其他公关活动中。标准色对楼盘宣传来说是一种形象色，具有强烈的识别效果。

楼盘标准色的选择，一方面要符合楼盘自身的特色，另一方面又要参照色彩的感觉和色彩的心理效应这两个影响因素。

因素 1. 色彩的感觉

调查研究表明，色彩会给人冷暖、轻重等不同的感觉体验。

表 2-2　色彩的感觉分析

色彩的感觉	具体分析
冷暖感	即色彩带给人冷暖的感受。令人感到温暖的色彩叫做暖色，如橙色、红色、黄色等；反之，使人感到寒冷的颜色叫做冷色，如青绿、青色等；还有一些颜色介于冷色和暖色之间，称为中色，如绿色、紫色等
轻重感	即色彩给人以或轻或重的感觉。同样大小的面积或体积，明度高的看起来轻，明度低的看起来比较重

因素 2. 色彩的心理效应

色彩不但能有力地传达不同的感觉，还能在不知不觉中影响人的精神、情绪和行为。每一种颜色都能诱发出特定的情感。

表 2-3　色彩的心理效应分析

色彩	心理反应	应用案例	图示
红色	在可见光谱中，红色光波最长，给视觉一种迫近感和扩张感。很多楼盘广告都以红色作为标准色，就是取其视觉上的巨大冲击力	万科新标四个"V"都用上了红色	万科 建筑无限生活
黄色	在可见光谱中，黄色是最亮的颜色，给人以光明、辉煌、醒目和庄重、高贵的印象。实验证明，黄色是使人愉快的颜色，能给人以幸福感	碧桂园标识中用到了黄色	碧桂园 COUNTRY GARDEN
黑色	黑色具有稳定、深沉、庄重，严肃、大方、坚毅的特点。同时，黑色和其他颜色一起使用，往往可以使设计产生生动、醒目的效果	龙湖地产的春森彼岸的广告，黑与白的搭配，给人以深沉、坚毅、磅礴之感	Crn·se·land 龙湖·春森彼岸

楼盘应用设计系统的九个要素

楼盘应用系统设计，即是针对楼盘名称、楼盘logo和楼盘标准色这三个基础要素在各种媒体上的应用，做出具体而明确的规定。目的是达到视觉祈求力。

首先，企业名称标准字与标志等组成不同的单元，以配合各种不同的应用项目。

其次，当各种视觉设计要素在各应用项目上的组合关系确定后，就应严格地固定下来，以期达到通过同一性、系统化来加强视觉祈求力的作用。

楼盘应用系统的设计，大致应考虑如下九个方面的内容。

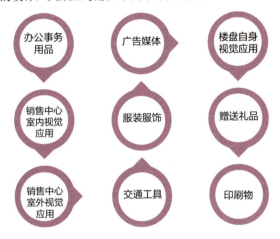

图 2-5　楼盘应用设计的九个要素

▶ 内容 1. 办公事务用品

办公事务用品的设计制作应以楼盘logo样式、文字格式、色彩套数及尺寸大小为依据，形成企业办公事务用品的统一和规范，给人一种全新的感受，同时也展现出企业的整体风格。

主要包括：信封、信纸、便笺、名片、工作证、请柬、文件夹、介绍信、账票、备忘录、资料袋、公文表格等。

图 2-6　楼盘信封、信纸、名片设计　　　图 2-7　楼盘资料袋设计

内容 2. 销售中心室内视觉应用

主要包括：销售人员服务、保安员服务、销售中心形象墙、销售中心展板、示范单位标识、台面标牌、销售进度表等。

内容 3. 销售中心室外视觉应用

主要包括：售楼处指示牌、欢迎牌、销售现场导识、工地围板、彩旗 / 挂旗、小区名称标牌、工地路牌广告等。

内容 4. 交通工具

交通工具是一种流动性、公开化的企业形象传播方式。其作为公共交通工具的多次多点密集的流动所给人瞬间的记忆，会潜移默化有意无意地建立起企业形象。设计时应具体考虑它们的移动和快速流动的特点，要运用标准字和标准色来统一各种交通工具外观的设计效果。

主要包括：轿车、中巴、大巴、货车、工具车等。

内容 5. 服装服饰

企业整洁高雅的服装服饰统一设计，可以改变企业员工的精神面貌，也可以增加员工对企业的归属感、荣誉感和主人翁意识，改变员工的精神面貌，促进工作效率的提高。

设计时应严格区分出工作范围、性质和特点，制作出符合不同岗位的着装。

主要包括：经理制服、管理人员制服、员工制服、礼仪制服、文化衬衫、领带、工作帽、胸卡等。

内容 6. 广告媒体

企业选择不同媒体的广告形式对外宣传，是一种长远、整体、宣传性极强的传播方式，可在短期内以最快的速度，在最广泛的范围中将企业信息传达出去，是现代企业传达信息的主要手段。

主要包括：互联网、企业微博、企业微信、电视广告、报纸广告、杂志广告、路牌广告、招贴广告等。

内容 7. 楼盘自身的视觉应用

楼盘自身的视觉应用主要包括：楼盘自身的效果图、实体模型、样品房等。

一个精美的沙盘模型能够最大限度地展示出该楼盘的特点，作为楼盘的一种表现式模型，应从建筑架构、景观设置、建筑模型的灯光效果等方面加以注意。

内容 8. 设计礼品

企业礼品主要用来和客户、股东、合作伙伴、政府联系感情、沟通交流、协调关系。它以企业商标、标志为导向，以传播企业形象为目的，将企业形象组合表现在日常生活用品上。当然，企业礼品也可以是一种行之有效的广告形式。

主要包括：笔记本、文件夹、笔筒、车枕、纸巾盒、纪念册、儿童玩具、T恤衫、领带、领带夹、打火机、开信刀、钥匙牌、雨伞、衣架、纪念章、礼品袋、购房优惠券、健康饮食养生贴、饮茶套装、厨具套装等。

内容 9. 出版企业图书或项目图书

企业印刷出版物品代表着企业形象，直接与企业的关系者和社会大众见面。在设计时编排要一致，固定印刷字体和排版格式，并将企业标志和标准字统一安置在某一特定的版式风格，造成一种统一的视觉形象来强化公众的印象。

主要包括：企业书、项目图书、楼书、户型图册、企业简报、年历、明信片等。

表2-4 楼盘应用要素系统设计一览表

类别	具体内容
待客用项目类	洽谈会、会客厅、会议厅家具、烟灰缸、坐垫、招待餐饮具
产品包装类	商品包装设计、包装纸、包装箱、包装盒、各种包装用的徽章、封套、粘贴商标、胶带、标签等
符号类	公司名称招牌、建筑物外观、招牌、室外照明、霓虹灯、出入口指示、橱窗展示、活动式招牌、路标、纪念性建筑、各种标示牌、经销商用各类业务招牌、标志
账票类	订单、货单、账单、委托单、各类账单、申请表、通知书、确认信、契约书、支票、收据等
文具类	专用信笺、便条、信封、文件纸、文件袋、介绍信等
服装类	男女职工工作服、制服、工作帽、领带、领结、手帕、领带别针、伞、手提袋等
出版印刷类	股票、年度报告书、公司一览表、调查报告、自办报刊、公司简历、概况、奖状等
大众传播类	报纸广告、杂志广告、电视广告、广播广告、邮寄广告等
SP类	产品说明书、广告传播单、展示会布置、公关杂志、促销宣传物、视听资料、季节问候卡、明信片、各种POP类
交通工具类	业务用车、宣传广告用车、货车、员工通勤车等外观识别
证件类	徽章、臂章、名片、识别证、公司旗帜

某项目前期形象设计方案

一、设计背景

项目所在地××省的××县政府致力于把××打造成世界绿松石珠宝饰品加工贸易中心、文化展示中心和综合研发中心。同时，为加快国际绿松石城的建设，××省上庸古城置业有限公司作为国际绿松石城项目法人机构，正潜心打造国际绿松石城这一国际绿松石研发、深加工、展示、交易平台。

××是闻名世界的优质绿松石著名产地之一，是古庸国的国都及上庸文化的发源地，是堵水和庸水的流经之地，是通往武当的最后一道门户……这些都是项目挖掘创意的空间。

二、楼盘基础系统设计

在创作过程中，随着对××的深入了解，对绿松石、古庸国、水文化、武当、道教等的反复探讨，发现每一种文化、特产都是××不可或缺的因素。

第一节 | 楼盘 VI 设计

最终的创意将各个元素巧妙地组合在一起，表现思路为：

1. 以××的特产——绿松石做为创意主体

以绿松石圆弧外形做为 logo 主体；以篆体庸字作为背景主纹；再以传统水纹来环绕篆体庸字。

2. Logo 利用中国传统文化

作为道家的代表的传统云纹，放在 logo 的正中；再以一个书法体"城"字，点出我们"在××,造一座国际化绿松石城"的宏念。

三、楼盘应用系统设计实例

图 2-8　楼盘 logo 设计

图 2-11　宣传画册

图 2-14　楼盘外观设计

图 2-12　文件夹

图 2-15　户外广告

图 2-13　碗筷和瓶子

图 2-16　擎天柱广告

图 2-9　楼盘 logo

图 2-10　手提袋

图 2-17　报刊广告

第二节
楼盘形象包装策略

楼盘作为一种特殊产品，实际上更需要高成本的包装，这是房地产竞争日趋激烈与成熟所决定的，更是楼盘之间竞争的重要手段。

形象包装是楼盘销售的利器，这已被许多楼盘所验证，具有可操作性和实践性。如果形象包装做得比较好，楼盘就等于无声地宣传自己，能够成为销售的翅膀。包装得好，可以使楼盘的品质发生重大的变化，不断提升楼盘的价值。其实，许多内地房地产公司在楼盘包装中不自觉地做了许多工作，但却缺乏系统化和整体化，最终表现为整个楼盘的个性色彩不突出、不显著，使各个包装的子系统松散、零乱。这需要对整个楼盘的包装整合，使其能够在一个包装主题下发挥各自的功能和作用。

楼盘主题概念策划

一个成功的楼盘主题，要有鲜明、独特的创新意识和统一的思想来统率整个房地产项目策划的创意，并在这个创意的指导下设计构想、方案、形象等要素，最终使各个要素有机地组合成一个完整的主题概念。

▶ 理解楼盘主题概念的 3 个要点

主题概念是指房地产企业在市场调研和预测的基础上，将产品或服务特点加以提炼，创造出某一具有核心价值理念的概念。通过这一概念向目标顾客传播产品或服务至少包含四类信息：功能取向、价值理念、文化内涵、时尚观念、科技知识等，目的是激发目标顾客的心理共鸣，最终促使其购买。

理解房地产项目主题概念，必须把握以下 3 个要点。

图 2-18　楼盘主题概念的 3 个要点

特点 1. 主题概念必须是一条主线

如果项目是分区分期开发，那么开发商分区分期所推出的房地产产品就如一颗颗珍珠，项目主题概念就像一条主线，把这些珍珠串成一条项链，形成一件具有非凡价值的艺术品。

特点 2. 主题概念能把楼盘社区要素统领起来

主题概念是对市场需求、消费群体、竞争对手、楼盘特色、地理位置、人文环境等一系列要素进行整合而形成的。它把构成社区的种种要素统领于旗下，构成了一个完整的系统。

特点 3. 主题概念是一个中心或者一种包装

主题概念能包装起房地产项目的构成、功能、风格、规范、形象等方面，使其得到合理的、人性的阐述。因此，开发商的土地选择、规划设计、建筑工程、营销推广、物业管理、社区文化建设等行为，都围绕这一中心完成。

▶ 主题概念策划的 3 个基本要求

楼盘主题概念的设计，一要以费者需求为中心，二要反映楼盘文化和特点，三要追求个性化与差异化。

图 2-19　楼盘主题概念设计的 3 个基本要求

（1）以目标消费者需求为中心

有些楼盘主题概念直接指明其顾客对象。这是因为任何产品都有其既定的目标顾客，主题概念设计应能反映消费者需求，引导其消费，让人们明确知道其消费群体，从而提升楼盘的信息传递效果。

例如，香榭商务大厦：一幢会呼吸的甲级写字楼；颐和盛世：岛生活，慢生活；东海国际：引领商务新高度。

（2）反映充分楼盘文化和特点

主题概念的设计应以楼盘特征、定位以及其文化作为设计的源泉，让消费者通过主题概念的识别认清楼盘的独特品质、风格和文化。

例如，东润枫景的主题"这里有生活，有艺术，有美，唯独没有压力"。

这个主题创意来源于名油画《大碗岛星期天的下午》、《草地上的午餐》和《枫丹白露的早晨》，感性地渲染出一种优雅迷人的生活环境和方式，同时点明小区是高级灰（高级白领）式纯生活。

（3）具有个性化，需求差异化

目前市场流行的消费习惯已从理性消费阶段的强调均一化、普遍化与功能性，向强调个性化、多样化、差异化以及更富有人性化的感性方向发展。因此，在对楼盘主题概念的设计中，应注重个性化和差异化，做到独特而人性。

例如，北京尚清湾项目的主题"LOHAS人家·健康栖居"。

尚清湾这一项目引入微湿地概念，且有配套的娱乐生活设施，营造出人与自然环境和谐统一的生活环境。其中，"LOHAS=lifestyles of health and sustainability"，即健康的可持续的生活方式。开发商结合"放生锦鲤"、"七夕活动"、"捐助贫困生"等形式，突出而人性化地表现了尚清湾高品质的健康生活方式。

▶ 楼盘主题概念策划的三个程序

楼盘主题概念的策划主要分三步走：
①分析、预测楼盘销售目标市场；
②组织获取主题概念的各种来源；

③提炼并确认楼盘的主题概念。

图 2-20　楼盘主题概念策划的 3 个程序

（1）市场分析和预测

在前期策划时，进行细分市场调查及对调查资料进行准确分析，以确定发展方向，找准市场定位，是项目开发成功最为关键的一步。

通过房地产市场分析和预测，可以初步了解某区域房地产市场的供需关系及其影响因素，大致掌握该区域内房地产客户的主要消费观念及特性，预测房地产市场的变化趋势，这是房地产项目主要概念与形象确立的基础。

（2）主题概念的来源与获取

要进行主题策划，就要寻找主题概念的源头，这实际上是主题概念的创意过程。

具体而言，楼盘主题概念可从以下 6 个方面进行获取：

①从该项目区域的文化内涵中抽象出来；

②从竞争性项目的对比中挖掘出来；

③从项目自身的内在素质中分析出来；

④从顾客需求中选择出来；

⑤从社会经济发展趋势中演绎出来；

⑥从房地产发展的最新理念中提取出来。

广州光大花园主题概念来源

广州光大花园在楼盘策划之初,通过两大手段来进行分析:一是问卷调查,内容是市民在目前的生活环境下最重视的是什么,反馈回来的是身体健康;二是找出项目现状最有价值的方面,经过深入地了解和分析,项目地块最有价值、可以大做文章的是几十棵50多年树龄的大榕树。策划人通过思想碰撞,身体健康与生态环境有关。于是,广州光大花园的项目主题"大榕树下,健康人家"便应运而生。"榕树风景"成为光大花园文化内涵的绝佳题材。

(3) 策划主题的提炼与确定

主题概念素材有了以后,就要进行提炼与确定,这实际上是概念创意的讨论过程。在提炼与确定主题概念的时候,应着重考虑以下4个问题:

①主题概念是否富于个性,与众不同。这是取舍主题概念的主要标准。如果达不到这个要求,宁可舍弃,也不勉强使用;

②主题概念是否内涵丰富,易于展开,能充分展现项目的优势和卖点。有些主题概念内涵狭小,展开时支持点不够,不利于主题概念的体现与贯彻;

③主题概念是否符合自身情况,是否与本项目要求相吻合,那些脱离项目实际情况的主题概念不可取;

④主题概念是否迎合市场买家及目标顾客的需求,这是判断主题概念的关键所在。那些不能激起买家购买欲的主题概念,最终会断送项目的前途。

例如,保利·公园九里楼盘"生如夏花"系列主题的提炼与确定很有诗情画意,通过寥寥数语,明确地表现了夏天到来的日子里给家人和自己带来的感动,视觉冲击力相当强。

再如,广州奥林匹克花园的"体育与健康"理念,荔港南湾、华景新城、云景花园、北京兴涛社区的"教育社区",现代城的"SOHO理念"等都是房地产项目主题概念策划的成功范例。

某项目营销推广主题定位

一、开发导向定位

创新一种××市品质社区开发典范模式

二、总体形象定位

×市首席生态型山水园林社区，×市人本型生活社区开发典范

三、总体推广主题定位

主题：上风上水，都市尊耀生活

副标题：望山揽水／美景尽收／都市生活／尊耀无限

辅助主题：

①一城山水，一城青翠；一方人居，一方尊耀

②山水与绿景相融，健康与尊耀同步

③品质决定生活，生活改变未来

四、系列形象主题定位

1. 城市革命篇

革命改变历史，新貌创造未来

××××，某市南部，一次对城市历史旧貌的颠覆／一场区域自然生态成为主宰的革命／一个改变某市人民居家生活的开始／一曲演绎健康尊耀生活的乐章

2. 社会价值篇

居住缔造文明，文明彰显尊荣

××××，对人们居住品质环境的精心揣摩设计，打造不单是一种优美健康的生活环境，更是一种品味生活背后的和谐文化与社会文明，一种现代都市人生的尊耀珍藏。

3. 产业价值篇

开创某市地产新时代，引领某市人民新生活

××××，在某市建工综合开发有限公司的精心酿造下，通过"某市首席生态型山水园林社区"的打造，旨在创新一种某市品质社区开发典范模式——某市人本型生活社区开发典范，使房地产开发切实以购房者的需求为导向，真正做到以人为本，从而助推某市房地产业的良性发展，开创某市地产新时代，引领某市人民步入生活的新篇章。

第二章 | 地产项目形象营销策略

4. 企业价值篇

实力铸就品质，名企奠定名盘

某市建工综合开发有限公司，筑就扛鼎之作

某市建工综合开发有限公司，值得我们信赖

××××作为××集团涉足房地产的开山之作，某市建工综合开发有限公司围绕"建一流企业，树百年荣光"的目标，秉承"建一流社区，造一方之福；靠诚信品质，树地产典范"的开发精神，凭××集团的雄厚实力，为某市人民打造一流的品质生活社区，以良好的房地产企业形象，为做大做强本市房地产业和提高人民生活水平做贡献。

5. 产品价值篇

（1）选址说

上风上水 / 人杰地灵 / 钟秀宝地

一脉一象·一山一水·生气开天·大业共成

气者，水之母也；水者，气之止。气行则水随，而水止，则气止，子母同情，水气相随也。行龙必水辅，气止必有水界，此造化之妙用。于盘龙处，觅人杰地灵之钟秀宝地，唯某市南部——××××是也。

（2）区位说

离尘不离城，离闹不离繁，潜藏自然中

××××，某市南部的上风上水之处，没有城市的喧闹，却不远离县城的繁华，生活尽在方便中，在某市建工综合开发有限公司的妙手勾勒下，脱掉了过去的旧衣裳，抖去了灰尘，换上了山水田园的自然生态新衣，造就了一处脱离凡尘的洋溢生活空间，成为某市唯一一处"离尘不离城，离闹不离繁，潜藏自然中"的理想生态居所。

（3）规划说

承背山面水之势，布龙脉旺居之所

××××，地势北高南低，西高东低，正属"背山面水，聚气生灵，龙脉旺地"之象。总体规划充分尊重地势的绝佳风水旺脉，布局依势而行，由北至南，层次错落有致，处处风和气顺，视野开阔，加之绿景环绕，大显依山傍水、天地豁达之感，俨然一幅自然山水中凝固的绝美建筑画卷。

（4）建筑说

生态人本设计，纯美建筑乐章

××××整体建筑设计中，引用了新都市时代下的人本住宅概念，采用全新的生态建筑设计理念，充分结合地域的地理、风水因素，实行立体高差绿化，借北高南低的地势，以分层绿化和错落建筑融入自然地理环境，将自然、山水、绿景、建筑与文化巧妙结合，打造成为某市首席生态型山水园林社区。

（5）户型说

人本户型设计，完美生活空间

小区户型设计充分考虑阳光、视景、通风等因素，并应用全阳式和南北对流式相结合的设计理念，充分满足人们的多样化需求；在充分满足各功能区间使用要求的情况下，良好地控制了户型面积和利用率，使居家生活尽在自然、健康、方便、尊耀之中。

（6）会所说

星级健康聚所，都市尊耀风采

一处没有"会议"的聚会场所

××××，某市首席设计会所的高品位生活社区，为广大业主创造了一个蕴有都市风采的休闲、健身、聚会的文化场所，还快乐、尊荣于业主，为山水绿景的生态健康生活注入了更多的健康单元和文化涵养。

（7）视野说

高度视野，揽尽风景，收藏自然

××××，楼层利用北高南低地势由北向南依次递减，层次错落中，将景观视野发挥到最大化，同时又充分考虑到对自然健康气息的充分吸取，在保证合理高度的前提下，适当加高了楼层，使整个小区的住户对绿色景观、清新空气得到了均享，高度中蕴含的高贵尊容在山水绿景中自然绽放。

（8）品位说

傲居绿城，志存高远

城之所在，山之所倚；绿意满径，自由呼吸；源头活水，润泽绿城；心随所想，宁静致远。

（9）保障说

赢在品质，贵在保障

选好房贵在选一个好开发商

实力是居住品质的保障，信誉是居住品质的基础。某市建工综合开发有限公司，志在千秋，是从长远发展的企业角度开发地产项目，视品质和信誉为企业发展的基础。老百姓为的是选一个好房子，某市建工综合开发有限公司 为的是赢得一方百姓。××××，赢在品质，贵在保障。

（10）物业说

服务"五心级"，生活全享受

××××，不仅注重建筑的品质，而且更加注重后期的物业管理服务。小区设计了可视对讲门、闭路电视监控、24小时保安等安全防卫措施，及时的维修、保洁服务，系列化的健身娱乐设施和高品位的休闲会所等，旨在为广大业主提供一种"贴心、细心、安心、放心、开心"的"五心级"服务，让业主生活全享受。

（11）生活说

生活，是一种自然的美

这就是我××××的家

自然的山水，山水的绿城；自然的健康，健康的自然；自然的尊荣，尊荣的自然。回归到我××××的家，心情就在绿景山色中慢下来。

（12）价值说

有"修养"的房子

物超所值，择在眼光

××××，让您买到的不单是一套房子，而是一所融合山水之气、天地之灵的龙脉旺居，是一个脱离烦嚣、静谧清心的养生驿站，是一处望山揽绿、欢笑悠闲的惬意乐园，是一个"居住显修养，投资超所值"的房市珍藏。

售楼部形象包装

售楼部不仅是激发买家购房欲的现场第一线，还是体现发展商专业水准与品牌形象的首要现场。客户对其包装设计的感受将直接影响其对项目的认识和评估。因此，售楼部的形象包装尤为重要。好的售楼部包装方案，应以吸引买家为主要目的，最大限度地激发消费者的购买欲。

以下将依次从位置、形式、风格、区间、硬件、细节以及气氛这七个关键性因素，具体阐述售楼部的形象包装问题。

图2-21 售楼部形象包装的7个关键问题

1 位置选择

售楼部要么设在楼盘厅堂内，要么建在户外。

户外售楼处又分为两种情况，一种是紧靠楼盘厅堂搭建，与厅堂内部连为一体，空间上更为宽敞；另一种是在主要道路旁建造的独立接待中心，一般不会离楼盘很远。

户外附独立的售楼单位，一方面可以避开施工的影响，保证施工建造不受外界干扰；另一方面又可以尽量弥补局部细节，如朝向、通风、采光条件等的缺陷。

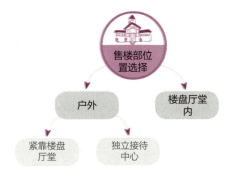

图 2-22　售楼部选址的类别

售楼处若设置在市中心的一些大商场之内，人来车往，容易吸引客户前来参观。看过说明及介绍资料后，客户便可坐上看楼专车直接送到楼盘工地，充分了解周边环境与楼盘状况。

例如，香港人不喜欢大老远地跑到楼盘所在地看楼，也不愿走进安全系数较低的施工现场。因此，香港楼盘包装比较特别的地方，就是有一些售楼处不设在楼盘工地，而是设在闹市这种人流车流都比较集中的地方。

2 形式确定

售楼部与样板房的设置形式，主要有二合一型、连体型、分散独立型以及立体式。这四种类型各有长短，开发商可根据自身需要进行合理地选择。

图 2-23　售楼部及样板房设置的 4 种形式

形式 1. 二合一型

这是指在多层建筑中,利用其首层的一种较为典型的户型作为样板房,同时利用样板房的各个房间充当各功能分区,实现售楼处的基本功能。

这种布局方式可以加强客户对户型空间的直观感受,但由于缺少家具的摆放,其家居的温馨气氛较弱。

形式 2. 连体型

这种布置方式是将售楼接待区单独设置,而样板房又紧邻其侧布置,二者既独立又相连,从而形成一个整体,令客户不知不觉中完成了看楼的全过程。

连体式布局完整紧凑,既可保持独立接待区的气势,又可体验家居的温馨气氛。

形式 3. 分散独立型

这种布置方式多体现在具有多种户型的小区内。为展示某一户型,开发商通常会选取与售楼部稍有一段距离的实例作为样板房。

形式 4. 立体式

立体式售楼部一般是指售楼接待区与样板房不在同一平面上的布置方式。这种布置方式多用于高层建筑中。

▶ 风格设定

目前,许多楼盘现场售楼部,布置风格太过千篇一律,大都是橱窗式透明大玻璃,用灯或用招牌字,写明某某楼盘售楼部。这样的风格设计缺乏新意,很难引起客户的新鲜感和认可。而真正能激发人们购买欲的售楼部，应是一个充满艺术感的线条，并且具有一种不息的生机，能使人产生丰富的联想，进而产生一种消费冲动。

具体说来，企业在设定售楼部风格时，可参考如下三种策略。

图 2-24 售楼部风格设定的 3 种策略

策略 1. 从颜色和造型上下工夫

最先进入购房者视线的，便是售楼部的外观，尤其是它的颜色与造型风格。因此，售楼部的颜色搭配应当新鲜、醒目；其造型设计应与物业的整体风格保持一致，两者遥相呼应。

策略 2. 以新奇、精巧的设计吸引眼球

时下，不少开发商在包装现场售楼部时，慢慢地把目光转向"新奇，精巧"，开始建造充满欧陆风情、外表古朴典雅的小洋房作为售楼部，将整个售楼处设计得轻快、现代，充满新时代的生机。

策略 3. 切勿盲目效仿

在设计售楼部的时候，企业应根据具体项目的档次、建筑风格、规模，同时结合开发商自身实际资金实力等状况，科学合理地进行设计与建造。

若开发商资金实力不强，项目规模也不大，售楼部在设计和建造时，应本着经济、简洁的原则，无需铺张浪费。这样的设计，会使前来参观的购房者觉得开发商很务实、很会理财，一定是脚踏实地的实干家，从而对该项目产生较好的印象。

④ 区间安排

一个功能比较完善的现场销售中心，一般由几个功能区组成，包括接待区、展示区、洽谈区、签约区、休息区等。

表2-5　售楼部5个功能区间

功能区间	形象包装
接待区	销售人员迎接客户的区域，应建立醒目、明显的指示系统
展示区	展示"样板房"及项目的整体规划模型、平面图、效果图等。装修设计配合项目的定位，体现与项目气质相符的、先进的、专业的经营理念，配置大屏幕电视及多媒体展示系统，直观生动地展示项目全方位优势
洽谈区	供销售人员与到场客户介绍、洽谈及交流的区域，通过简约、整洁的装修设计，营造随和但不失庄重的交谈氛围
签约区	供认购人士签约或进一步洽谈的区域。营造具有一定私密性的洽谈空间，能给客户带来一种安全感和信赖感
休息区	主要是供客户休息、等待使用，可以设置自助式资料阅读区，以悠闲的音乐作为背景，营造休闲空间。休息区应配备客户专用茶水、茶具等

▶ 硬件配置

硬件是相对于服务、环境、气氛等软性包装而言，是来往客户一眼便能看清的部分。因此，以下九个硬件配置方面的问题同样不容忽视。

图2-25　售楼部硬件配置的9个内容

硬件1. 导视牌

为了引导顾客进入售楼处而专门设置导视牌，多设于道路的转角处。这对于交通情况较为复杂的楼盘来说极其重要。导视牌一般采用较为醒目的颜色，其设置高度一般与人的视线齐平。

硬件2. 招牌

为了令人从远距离即可注意到售楼处的位置及宣传楼宇形象，多数楼宇在售楼部外侧显眼处便会树立大型广告招牌，一般可有 2～3 米高，3～5 米宽。招牌多为镀锌铁皮制作、铁架支撑，所绘内容多为楼宇的透视图以及主要的广告词等。

硬件 3. 彩旗

为了营造一种热烈的气氛，可在户外张挂多彩旗。彩旗可以悬挂于电线杆上，也可以分布在草坪上。除此之外，户外的包装还有气球、条幅、充气拱门、风车等。

硬件 4. 广告幅

即挂在楼宇外墙立面或外墙上的广告标语。其形状主要有条状、长方形、正方形三种，内容一般以文字为主，例如"公开发售"、"内部认购"、"即将推出"，或者是楼盘名称、销售招租电话、楼盘标识、感性广告词等。

硬件 5. 绿化

室外环境的绿化是各楼盘均重视的工作，绿化的品种普遍为草皮，其次是色彩艳丽的四季花木，也可以种植部分灌木，并做出各种造型。

硬件 6. 展板

展板内容多为项目各户型透视图，主要交通及建筑物相片，地理规划图，住宅单位平面图，住宅单位室内布置，发展商背景，别墅、洋房的真实效果图，价目表及付款方法等。

展板编排是展销会的重要组成部分。它可以系统地介绍本项目的基本情况及销售情况，内容丰富、简明，能有效缩短买家了解项目的时间，甚至可促使其迅速做出购买决定。

硬件 7. 大屏幕彩电及触摸显示屏

大屏幕彩电主要播放项目的基本情况。在展厅内播放高清录影带，以及显示屏方便快捷的资料查询功能，能使买家对项目发展情况及发展商、合作商的基本情况有更加深入的认识，同时也活跃了营销中心的热闹气氛，加快销售人员的讲解速度。

硬件 8. 透视图及项目模型

模型与透视图能增加买家对本项目的立体纵观认识，令买家置身其中，领略各楼层的朝向和景物，清楚明了选购单位的基本情况，从而令买家信心倍增。

硬件 9. 其他

表 2-6　售楼部其他硬件包装参考

其他硬件	作用
售楼书	专业的售楼资料，内容全面，制作精良
折页	售楼普及资料，优势在于费用低，可大量发放，传播范围广泛
手袋	作为流动媒体宣传，并可装售楼书等资料
小礼品	费用低、美观、实用，用于传递信息，能够制造销售热点
各功能标牌	如销售人员标牌、接待处、签协议处、交款处等标牌，让买家明确功能，突出运作专业性

▶ 细节管理

细节问题的管理主要包括 5 类常规管理：销售人员的管理（如着装、轮值安排等）、接待中心和样板房的清洁整理、道路的修整、损坏的广告布幅及看板的更换、花木浇水等。

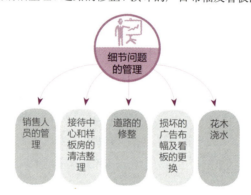

图 2-26　细节方面的 5 个常规管理

人员管理以及现场环境的清理是维持楼盘形象的有效措施。干净整洁的销售现场、整齐有序的销售队伍、鲜亮醒目的广告幅、彩旗等，这些细节的管理和控制能给客户带来良好的基本印象。

▶ 气氛设计

销售现场的气氛营造是推盘活动的重要环节之一。

气氛设计主要包括：接待中心播放广告录像；请来合同公证处、保险机构、银行按揭处有关人员现场办公；给客户赠送楼盘光盘、关于周边生活配套、自然人文景观、交通等各方面条件说明的置业锦囊杂志等。另外，布置一些游乐休闲设施，举办游艺会、免费餐饮活动、免费工地秀（例如名人表演）等，也是一种常用的方法。

某项目售楼部包装方案

一、风格定位：现代时尚简约风格

售楼部的建筑面积仅为 10.75×6.35=68.26 平方米，作为一个楼盘卖场，为满足基本使用功能，最低提供面积应为 120 平方米。售楼部面积太小，满足基本的使用功能都太难，建议装修风格用现代时尚的风格，整体要宽敞、明亮、典雅，以体现空间感的浅色系办公家具为主，所有办公设备选择要时尚、简洁、个性突出。

图 2-27　售楼部包装前实景

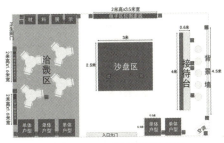

图 2-28　售楼部平面布局

二、售楼部外观设计建议

营销中心的建筑外观，有着很强的示范作用，能潜移默化地引导自然人流量的到来。开发商应专门聘请高水平的装饰专家对售楼部外观进行多种风格的设计比较。在公开发售期间，看楼人员来到售楼部能够被创新的设计、雅致个性的格调所深深吸引。

1. 门头广告牌

图 2-29　售楼部外观设计示意

提高售楼部的高度，售楼部层高仅为 3.3 米，整体的昭示性太差，需要通过门头来提高整个售楼部的高度。

顶部大理石造型一方面起到雨棚的作用，另一方面可以为门头发光字承重。顶部造型建议不用黑色大理石砖，可选择米白色。售楼部门口地面要起台阶，防止地势低，雨水倒灌。

2. 导示牌

因售楼部比较低，且整体规模较小，为了使来访客户很容易找到售楼部，建议做一个导示牌。

3. 门头显示屏

门头处装一个彩色显示屏，播放高质量影像资料，使过往游玩的人，对项目有更深入的了解和认识。同时，也增加营销中心热闹气氛，加快销售人员的讲解速度和增加买家对本项目的立体纵观认识，给人真实的感觉，令买家信心倍增。

4. 吊顶及地板

因已建售楼部层高较低，不建议售楼部的吊顶做得很厚，建议做简单造型，不压缩层高，以射灯打光，沙盘吊顶和接待台吊顶，简单造型处理，配以吸顶灯。使用白色地砖，使售楼部稍显宽敞明亮。

图 2-30　吊顶及地板效果示意

三、客户在售楼处活动流线设计

售楼部最简单的销售动线：入口大门→迎宾接待区→沙盘展示→洽谈区→签约→财务→离开销售中心。

1. 迎宾区的背景墙处理

大理石墙面处理，亚克力水晶雕刻立体字体，彰显项目品质，不建议背景墙做复杂造型处理。

2. 迎宾区的接待台

建议与背景墙颜色及风格相统一，浅色接待台，不建议做得太高，简单工艺处理，符合售楼部整体气质。

3. 整体沙盘设计

沙盘展示区，沙盘不建议做太大，沙盘底座用白色纹理大理石做底座，整体沙盘高度可比标准高度稍矮，以减少售楼部的压抑感。

4. 单体沙盘设计

为了节省售楼部空间，建议做成靠墙有坡度的单体沙盘，进行简单造型处理。

5. 展示区电子区位图设计

为了体现项目的高端性，建议正对门口处做一个电子区位沙盘，体现项目的高端价值，使售楼部的空间感增大。

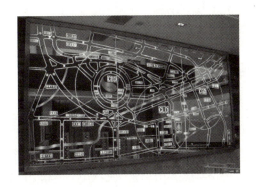

图2-31 电子区位沙盘参考

6. 展示区透光灯箱

透光灯箱,增加效果图的立体感,增加售楼部的空间感,使售楼部彰显品质。

7. 建材展示

建材展示区是一种增加透明度的做法,是一种体现诚信的方式。主要将建筑用材及智能化系统初步展示给客户,给客户宜居环境的遐想,增强客户信心。建材展示要求展示工程所用钢筋、管道(上下水管道)、管线(包含普通电线及空调线)、保温材料、防水材料等。其中钢筋、管道(上下水管道)、管线(包含普通电线及空调线)通过文字叙述主要体现同类产品优劣势,加上实际材料展示,能起到很好的展示作用。销售人员在讲解时,突出建材展示,给客户高端住宅的理念,推广项目的同时推广公司。

8. 洽谈区家具购买建议

谈判区面积舒适,宽敞明亮,氛围轻松,一般做成敞开式。谈判桌椅要求舒适美观,墙面做展板(包括广告板、效果图等),充分展示项目形象,谈判桌的布置应考虑客户洽谈时所必须保持的适当距离。

9. 卫生间

卫生间是展示项目形象的重要功能空间。必须设立对外卫生间,设计要求匹配售楼处整体风格。卫生间内保持干净、整洁、气味宜人,细节处设置人性化的清洁及梳妆设施。卫生间整体为暖色调,灯光柔和,用高档吸顶灯即可。所有便池均用蹲式。

样板房形象包装

如果说售楼处是楼盘的"门",那么样板房便是楼盘的"面"。样板房的建筑模型虽小,却集中了开发商对目标客户的承诺兑现,是销售现场展示的重大窗口。它可以让顾客将购买欲望提高到极限,给感官以强烈刺激,比模型、说明性展板、透视图的效果要好得多。因此,样板房的展示必须充分呈现该项目的气质、品质以及相关户型的亮点。

1 样板房选址的两种形式

样板房的选址一般有两种形式。

图 2-32 样板房的选址的两种形式

(1)设置在项目现楼里

优点:能最直观感受户型的空间,以及未来生活的憧憬,使用完还可销售回收成本。

缺点:行走路线繁杂、周边环境凌乱、安全隐患较多、看楼通道过长容易使客户乏味。

样板房设置在现楼应考虑的要点:

①应选择与售楼部相距较近的现楼里;

②应选择视野开阔、景观面较好的楼层;

③应选择主要功能房与周边建筑无对视、无遮挡的户型;

④应选择适合高度的楼层,如样板楼无电梯,则所选楼层不宜过高。

(2)设置在现楼外

在户外按照1∶1的比例建设样板房,包括售楼处内、房展会展位、黄金街区、商场中庭等位置。

优点：通过选取好的位置，可以弥补局部细节如朝向、通风、采光条件的缺陷。加大人流量，保证施工建造不受外界干扰。

缺点：建造后还需拆除，资源浪费大，成本高，施工难度较大，现场感相对较弱。

❷ 样板房展示常见的 3 种户型

设置样板房的目的，是要使客户对该建筑物的形式、间隔、布置有个明确的印象，以利于推销。样板房的大小应视销售对象而定。以套房来说，样板房以 35～50 平方米为宜；住家则以 90～105 平方米较为恰当，但还需视地段做单行调整。

图 2-33　样板房展示常见的 3 种户型

（1）主力户型

一个楼盘的户型设计种类较多，住宅项目不是只做一个样板房，出于成本的考虑，应连做几个主力户型的样板房。例如，大盘开发策略一般分期开发，而每期的主力户型各不相同，可选择 2～3 套具有差异化优势的户型作为样板房。

（2）重点户型

如楼王、大户型等重点户型，必须通过样板房展示才能加深客户的理解。

（3）部分有缺陷的房型

因为房型上的缺陷可以利用装修进行化解，甚至可以转化成独有的魅力，不做样板房可能出现滞销，若在销售持续期或中、尾盘销售阶段，某种房型有一定的销售积压，选择做样板房也是一个很好的解决销售困难的方法。

样板房包装的 4 个关键因素

购房者接触样板房的时间只有几分钟，如何在极短的时间内俘房买家的心，使理性的思维在这种特定的环境里变得亢奋、变得感性，样板房包装就显得异常重要。而包装设计的效果可以关注以下 4 个关键因素。

图 2-34　样板房包装的 4 个关键因素

（1）灯光照明

光是营造气氛的重要工具。样板房设计一个恰当的环境非常重要，应做到柔和、舒适、有层次感。照明分三种方式：背景照明、辅助照明、重点照明。在设计中，三种灯光照明要注意完美组合。一般来讲，三种照明的光亮度比例是背景照明 1 ∶ 3 ∶ 5。在设计照明效果时，有些灯具可以隐蔽。

（2）颜色搭配

颜色最能刺激人的视觉神经。样板房的搭配必须关注色彩的象征性和意向性，有意识地利用色彩媒介传达出一定的意境、情感和内涵。恰当的色彩调配，可以塑造不同反响的氛围，达到不战而胜的效果，用色彩来组织设计语言是最有效、最经济的手法，往往能收到事半功倍的效果。

（3）新材料新技术应用

"新"代表着最新时尚。样板房可以应用一些新技术，让人耳目一新，吸引客户的注意力。

（4）装饰选择

装饰是整个样板房包装的重头戏。样板房包装原则是少而精，即"少即是多"。配饰形式选择要与整个风格定位和主题设计相匹配。装饰选择看是否符合设计的风格、情调，而且要画龙点睛，点到即止。

❹ 样板房各功能区间设计

样板房的形象包装是一个复杂而细致的系统工程。在设计和施工的过程中，若能时刻抓住"人"的因素，加强以下 7 个功能区间的细节化处理，就能够较好地满足市场需求。

图 2-35　样板房 7 个区间的形象包装

区间 1. 客厅

客厅是住房的主要活动空间。一个装修精妙的客厅配置，往往能成为激发客户购买欲望的催化剂。因此，开发商须注重其视觉效果和环境气氛的设计。

另外，由于每一个居所所面临的环境景观是不同的，对于缺乏自然景观的物业，室内环境的塑造更是必不可少。

区间 2. 餐厅

餐厅是室内功能空间的主要构成部分，宜采用美观、整洁的装修材料，营造出优美柔和的用餐氛围。对于客厅与餐厅相联结的居所，应尽量保持两者之间的整体性、融合性以及连贯性，以便达到两者之间相互衬托的效果。

区间 3. 主人卧室

主人房是居所的另一个核心空间。一般来说，主人房是套房中最私密、最安静的所在。因而，其位置所在、房门朝向、床位摆放等都值得慎重考虑。另外，其室内的氛围、风格往往因人而异，有的喜欢柔和、有的喜欢粗犷。因此，发展商在提供居室装修的同时，还应考虑给客户以一定的选择余地。

区间 4. 儿童房

儿童卧室的装修设计风格，应密切结合项目的客户市场定位，比如是年轻小两口、三口之家还是中年三口之家等。不同客户市场中，儿童的年龄层是互不相同的，因而儿童室内装修设计的偏重点也应当有明显的区别。

就年轻小两口之家而言，可对婴儿或小龄儿童益智等方面的设计偏重一些；针对青年三口之家，则可从小孩卧室内的学习气氛，以及小孩对于成长的需要这两方面上多下工夫；若是中年三口之家，或许他们的小孩已具备相当的能力，有了自身的喜好判断，甚至可能会影响他们父母对居所的需求。在这种情况下，对于儿童房的装修风格应更为细致一些，并以此为由头，打动购房客户心中某种潜在的需求意识。

区间 5. 书房（多功能房）

居所内的书房或多功能房，一般情况下都是供主人使用的。因此，书房的装修品位与风格亦应与客户市场定位相结合，如客户主人的行业、收入、年龄阶层、兴趣、爱好，甚至是职位等都应事先有个周全的考虑，以便更好地满足主人对住房品位的需求。

区间 6. 厨房

厨房装修是一个容易被忽视的部分。其实，它在室内功能中扮演着一个非常重要的角色。细心的女性往往容易在厨房内挑出毛病来。

在经济适用型住宅中，厨房还扮演着其他功能和角色，如洗衣机、微波炉等都可以巧妙地内置于厨房的地柜内，从而使得厨房的空间利用程度更为紧凑，整体性更加强烈，而且实用、方便。

区间 7. 卫生间

已进入小康水平的家庭，往往把卫生间的装修视为家庭之文明程度的主要标志。其用途已由个人卫生发展到用于健身和健康享受。如今，比较先进的电脑坐便器、自动冲洗器等卫生洁具已悄然进入家庭。新型的防潮器具、通风换气系统以及按摩缸等也在逐步替代传统的淋浴器和浴盆。此外，价格昂贵的整体浴室也在其强大的广告攻势下，不断地更新人们的观念，进入百姓家庭。

▶ 样板房包装 6 个细节处理方法

样板房包装有以下 6 个细节处理方法需要注意。

第二节 楼盘形象包装策略

样板房包装6个细节处理方法：营造真实的居家环境、电梯及通道应整洁明亮、设计户外示范单位、充分利用每一寸空间、色调应强化促销氛围、样板房要具备安全性

图 2-36　样板房包装 6 个细节处理方法

图 2-37　万科样板房客厅

细节 1. 营造真实的居家环境

样板房不是简单的展示单位，它要求运用专业手法去营造一个真实的居家环境。各个房间的布置、摆设，各布局的细节处理，都应给人一种马上就能舒舒服服住下来的感觉。

豪宅样板房最重要的是核心主人房。一般来说，主人房在套房中最隐私、最安静，其位置所在、房门朝向、窗台设计、窗户朝向、床位摆放都必须慎重考虑。

万科的样板房就包装得十分细致周到，厨房里的冰箱、厨具、水果蔬菜、调味品、碗盆碟杯等一应俱全。消费者一边考察参观，一边不知不觉把自己带入居家的角色，很容易产生认同感。

图 2-38　万科样板房玄关

图 2-39　万科样板房厨房

万科全面家居包装方案

一、包装概况

万科的全面家居解决方案涵盖了建筑设计和装修设计的家居系统解决方案，由公共空间、玄关空间、厅房空间、厨房空间、卫浴空间、家政空间、收纳空间和家居智能化八大系统构成。

图 2-40　万科样板房卫浴间

二、具体包装内容

1. 公共空间系统

①入户大堂为金色格调，同时安装酒店式入户大堂水晶灯，墙面使用高品质实材、镜钢，再搭配高档布艺沙发，以使客户步入大堂产生尊贵感。

②从耐磨性、环保和节能的角度出发，首层电梯大堂地面采用金线米黄石材，墙面采用灰木纹石材干挂的处理手法。

③首层电梯大堂装饰主要采用沙发、画框、花瓶等家具与饰品来相互衬托，一是作为环境主背景色的辅助色调，增强色彩的光感变化；二是营造出一种艺术气质之中的休闲氛围。

2. 玄关空间系统

①玄关空间的色调主要为深色系搭配白色，力求与房间融为一体。

②玄关占据一小部分空间，分为上中下三层。方便客户在换鞋的同时，放置大包小包等随身物品。

③上层与中层的柜子可放置当季鞋和过季鞋。同时考虑长短靴、高跟鞋、便鞋、老人鞋、儿童鞋等不同种类，在存放鞋子的木柜中分成高低不同的收纳空间。

3. 厅房空间系统

①客厅电视墙上安装铺设多媒体线路的隐藏管道，使客户不必为液晶电视和光盘等多媒体设备露在外面的线路而烦心。

②在沙发后面预留足够的插座，同时布好5.1环绕立体音响线路。

③在餐桌旁设置电源插座，方便各种客户的饮食习惯。

④主卧房设双控开关，方便客户开关卧室或主卫的灯具，同时在床头布置数个电源插座，方便客户增加床头灯、充电。

4. 厨房空间系统

①厨房动线布局按照洗、切、炒、存等流程布置。

②厨房布局整体化。冰箱、地柜、自由调节隔板，让橱柜适合物品，而不是物品适合橱柜。

③设计专用厨盆，满足客户洗刷中式烹调器具的需求。

④灶台前面的墙上设置不锈钢挡油板，降低客户整理厨房卫生的工作强度。

5. 卫浴空间系统

①卫浴空间设计两分离，即如厕、冲凉和洗漱分离。

②卫浴室中设置收纳柜、物架等放置洗浴用品、毛巾、衣物。

③设置科学的排水系统，以保持地面干燥。

④安装密闭的淋浴屏防水。

6. 收纳空间系统

①收纳空间要精细到把衣物、箱包、体育用品、家庭急救箱、汽车备用工具袋、旅游用品、儿童用品、重要物品系统地存放。

②在衣柜中间底部设计保险柜位,放置存折、结婚证、户口簿等贵重物品。

7. 家政空间区域

①家政空间要满足机洗区、手洗区、放置区、收纳区的不同分区和功能要求。

②设吊柜、储物柜和水盆柜等物架,方便客户放置小电器、卫生纸、洗涤剂等各式家庭杂物。

8. 家居智能化系统

①在客厅与厨房区域设置一个集成化终端系统,可视终端系统应具备可视对讲、开门等功能。

②在主卧间安装24小时报警按钮,厨房煤气报警系统等智能安防系统。

图 2-41　万科样板房家居智能系统

细节 2. 电梯及通道应整洁明亮

电梯要直通样板房所在楼层。通往样板房的通道应整洁明亮,并注意在走道、楼梯、门口两侧、转角处、栏杆上布置一些指示牌、小展板等,说明样板房的方向、用途、材料、面积以及注意事项等,巧妙地把通道变成广告看板。样板房所处的楼梯,应注意清洁和照明。

细节 3. 设计户外示范单位

即样板房不设置在楼盘,而在户外另外搭建。

户外独立的示范单位,一方面可以避开施工的影响保证施工建造不受外界干扰;另一方面又可以尽量弥补示范单位局部细节,如朝向、通风采光条件等的缺陷。

细节 4. 充分利用每一寸空间

广泛使用导视牌、说明书布置在走道、通道门口两侧、转角处、栏杆上,说明方向、用途材料、面积以及注意事项等等。例如电梯间,明按钮旁嵌有可到达何处参观,内壁上挂关于交接时所安装的电梯品牌的说明以及电梯效果图。

细节 5. 色调应强化促销氛围

香港的样板房装修多用比较素淡的色调,如乳白色、火黄色等,其用料较为考究;而内地的样板房装修多用色较为鲜艳,五彩缤纷,容易使客户注意力分散。

细节 6. 样板房要具备安全性

样板房若设置在工地施工现场,工地上方的棚架、施工中的灰渣、地面的平整程度、周围的杂物和不利景观、施工人员的人流等因素,都会对样板房的安全产生不良的影响。

消费者在工地上的安全意识很淡漠,所以选择合适的位置与通道极为关键。合适的位置,既要展示卖点,又要消除施工中的视觉和感觉上障碍的地方,一般都在施工现场中最容易控制的区域。

图 2-42　深圳金地翠园的"草皮墙"

图 2-43　深圳金海湾花园的贝壳墙

各阶段楼盘形象包装

楼盘形象的整体包装策划,可依照以下四个阶段的划分来进行。入驻工地前期阶段、施工阶段、预售阶段和收尾阶段。由于每个阶段的施工进度和销售特点各不相同，楼盘形象包装的侧重点也应有所区别。

图 2-44　楼盘形象包装的 4 个阶段

1 入驻工地前期阶段楼盘包装

图 2-45　前期阶段楼盘包装的 2 个方面

（1）外墙广告

楼盘外墙及搭建的围墙其实是最佳的广告包装位置，因为它面积大、范围广，称得上是最大的户外看板，地产商应该在这方面多花些脑筋，认真研究一下如何更好地进行利用。

楼盘外墙的包装，可将外墙用墙柱分隔成多面，每面的内容图案颜色相同，主要是楼盘名、楼盘标识、电话等，以达到统一形象，加深买家印象的目的。

当然，富有新意的外墙广告更能吸引受众眼球。例如，深圳金地翠园和金海湾花园分别以"翠"及"海文化"为主题，为了较好地切合这两大主题，设计师特意将金地翠园的外墙装饰成了"草皮墙"，并且采用真正的贝壳来装饰金海湾花园的外墙。如此具有创意的外墙包装，足以令前来观看样板房的人们耳目一新。

（2）户外广告看板

户外广告看板是指树立在售楼处顶部或两侧、外墙以及主要入口处的大型看板，内容多为楼盘名称、楼盘透视效果图、广告语、联系电话、交通地图等。

由于户外广告看板比较醒目，设计师可在其中加上指示箭头，指出楼盘所在方位或售楼处所在位置。另外，户外广告的文字图案必须简洁、美观，并与楼盘的格调及内涵紧密相关。在多个楼盘的广告看板之中，画面简洁的看板往往最能吸引受众的注意力。

❷ 施工阶段楼盘包装策略

图 2-46　施工阶段楼盘包装的 5 个方面

（1）入口牌楼

即在楼盘入口或主要道路入口处搭建的大型牌楼，通常是灯光铁架拱门，也有些是具有艺术特色的水泥建筑。深圳某些高档豪华住宅，如万科城市花园、都市花园等，这些楼盘的入口牌楼都设计得相当漂亮，并且最终作为小区建筑的一部分保留了下来。

（2）先入为主的致歉公告

如：尊敬的 ×××：

本工地因施工 ×××××

不便之处，敬请原谅！

——×× 项目施工工地

（3）施工进度板

如：本项目已建至 ×× 层

预计还有 ×× 天完工

---- 敬请期待 ----

（4）广告布幅

广告布幅是最显眼的包装，在楼盘宣传中应用得非常广泛。但美中不足的是，多数楼盘布幅中缺乏对楼宇栋数和方向的说明，若能加上"× 座 × 栋"等具体字样，相信该广告布幅会更加一目了然。

（5）温柔的警告牌

如：为了您的安全，请注意×××××

为了您和家人的幸福，请注意×××

❸ 预售阶段楼盘包装策略

图 2-47　预售阶段楼盘包装的 5 个方面

（1）路旗

即在楼盘旁边的主要道路两旁设置的宣传旗帜，内容主要为楼盘名称及楼盘标识。严格意义上讲，设置在围墙上及售楼处顶部周边的旗帜也属于路旗。

路旗的设置，对于某些地理位置偏僻，或者有一定纵深的楼盘来说，有着相当重要的引导作用。

（2）小彩旗

利用三角小彩旗可以装点现场，营造气氛。

（3）指示牌

指示牌的形状灵活多样，有箭头形指示牌、指示板、三角指示牌、平面指示牌、多面指示牌等。指示牌与路旗一样，能起到一定的道路引导作用。指示牌的设置，不仅方便消费者参观看楼，还能提醒他们注意某些事项，从中展示出开发商的细心与诚意。

（4）充气拱门

充气拱门在商服物业、写字楼物业的包装中应用得较多，在大型庆典活动中也常常用到。另外，可用多个充气拱门及幕布做成充气蓬房，能起到防雨防晒的作用。

（5）景观庭园

景观庭园可以为相对生硬的售楼环境带来活力与生气，从而表现出地产商的细心与体贴，增加楼盘景观的亲和力和温馨感。

有条件的楼盘，尤其是住宅楼盘，可在售楼处前面的空间布置一些庭园式小景观，如假山、雕塑、喷泉、小瀑布、微型小花园等。有些已入伙的现楼，把售楼处设在区内，利用小区内景观环境，亦可达到同样的效果。

▶4 收尾阶段楼盘包装策略

图 2-48　收尾阶段楼盘包装的 3 个方面

（1）树立入住率广告板

在楼盘显眼处树立入住率广告板，将楼盘销控表广而告之，胜于任何一种宣传方式。

（2）逐步回撤各种包装工具

有步骤地撤回路旗、彩旗、充气拱门、进度板等，注意清洁。

（3）告谢板

公开感谢市民的大力支持，树立公司品牌形象。

第三章
THREE

传统媒体广告营销策略

本章所提及的传统媒体主要是指电视、电台、报纸、杂志这四种常规形式。

房地产的传统媒体广告营销在理论与实践层面都经历了较长的历史发展,也积累下了被时间积淀和检验过的具有市场攻占能力的独特优势。这个优势是指以下四个方面:强大快速的内容生产力、专业化的传播理念和成熟的广告运作机制、市场权威性及媒体品牌优势。虽然有互联网各类新兴媒体的冲击,但是传统媒体的魅力和影响力依然存在。借助这些传统媒介的优势,能使项目的宣传工作收到事半功倍的效果。

房地产的楼盘推向市场前后,都需要发布大量的广告。每个地产开发企业的广告投入费用都是年度财务预算的重要科目。

第一节 电视媒体的广告营销

电视媒体的传播范围相当广泛，不论性别、年龄、职业、民族等，只要看电视都会成为电视媒体的传播对象，在电视跨入太空传播时代更是如此。从世界范围看，电视传播所到之处就是广告所到之处。电视媒体传播范围的广泛性决定了传播对象构成的复杂性，也就是说，很多电视受众却不可能成为广告主的客户。这部分客户如何区分或如何确定广告投放方案是媒体广告中的重要工作。

电视广告传播的优劣势分析

电视广告的优点是视听形象丰富，传真度高，颜色鲜艳，能给消费者留下深刻的印象。缺点是传播范围虽广泛，但电视广告对象针对性不强，制定广告投放方案必须具体结合企业产品的特点去做分析和选择工作，这个工作复杂而且艰巨。

另外，不同电视台、同一电视台不同时段的注意率和广告费用也有差异。具体说来，电视广告的优劣势主要体现在以下几个方面。

表 3-1 电视广告在传播信息中的优势和弱点

优缺点	特点	具体内容
优点	视听结合传达效果好	用形象和声音表达思想，比报纸只依赖文字符号、广播只靠声音来表达要直观得多
	纪实性强、有现场感	能让观众直接看到事物的情境，能使观众生产亲临其境的现场感和参与感，具有时间上同时性、空间上同位性
	传播迅速、影响面大	与广播一样，用电波向四面八方发射和传送信号，传播速度快，收视观众多，影响面大
	多种功能、娱乐性强	直接用图像和声音来传播信息，观众完全不受文化程度的限制，适应面最广泛

续表

优缺点	特点	具体内容
缺点	难以记录	传播效果稍纵即逝，信息储存性差，记录不便且难以查询
	灵活性差	电视广告同样受时间顺序限制，加上受场地、设备条件限制，使信息传送和接收都不如报刊、广播那样灵活
	成本高	电视广告的制作、传送、接收和保存的成本较高

电视广告投放的六个要点

电视不同于其他媒体，它靠声音和图像将事物具象化，由此刺激人的感官，影响人的心理。房地产业位置、户型、小区规划建设等诸多特点都可以凭借这种声像并送的方式传递给消费者。但电视广告的缺点是：

①价格不菲，且播放时间有限，尽管听视觉冲击力较强，但形成的印象短暂且不会太深刻；

②电视不像平面媒体那样可以做广告分类，太多种类的广告在短时间内接踵而至，观众常有应接不暇之感。

因此，为避免以上问题，投放电视广告必须注意以下 6 个要点。

图 3-1　投放电视广告的 6 个要点

▶ 注意点 1. 广告投放应具备连续性

广告和品牌要长期、持续地投入，才能产生效果。消费者做出购买决定不是短时间的，是需要经过"接触—注意—引起—理解—获得—态度改变—记忆—行动"的过程。消费者对品牌的认知和采取下一步的行动都需要广告不断的提醒。并且广告并不能直接和必然带来企业销售额的上升。所以，企业准确地选择合理的广告投放，减少不必要的花费，能够给企业带来品牌和利润的双重收益。

▶ 注意点 2. 投放频道应具备分散性

每天的深夜等时段由于电视的收视率低,有很多广告公司专门为了广告收益而为企业设计广告套播。所谓套播就是将各个频道的非黄金广告的时段组合起来,打包销售给企业。这类广告时段的打包设计,看似曝光频次多、长度极长、价格便宜、覆盖面广,实际播出的效果却是深夜以后或重播栏目,听众极少。调查显示,94.8%的人不会重复看一些没有文化性或精品性的栏目。

因此,电视广告的这个传播特点要求企业应集中有限的广告投放资金选定好电视频道。

▶ 注意点 3. 投放淡季与旺季相结合

很多企业只有在销售旺季投放广告,淡季就完全停止。殊不知,品牌和消费者购买行为是受长期影响而形成的,企业要持续向消费者传达企业和品牌的信息。

▶ 注意点 4. 数据量与媒体质相结合

投放次数、价格、覆盖几个频道等广告考量指标经常会使一些企业进入电视广告投放误区,忽略投放的时间段、秒数、每次播放成本等。企业可以用千人成本、每收视点成本、总收视点、占有率等反映媒体价值的指标数据去评估电视广告时段的广告价值。

不要只重视一些表面数据,这些数据只是量的考察,企业投放广告主要是注重媒体质的考察。具体是指如媒体形象,产品特性;企业受众与栏目受众的吻合,栏目美誉度、忠诚度,栏目在受众中的影响力等。

▶ 注意点 5. 投放形式多样化

企业投放广告能起到销售促进及塑造品牌的作用的一个重要原则是让企业的广告投放多样化。具体来说是指:

①使用电视媒体套播或广告赞助的形式选择与企业产品特性相符的栏目;

②可以制作电视硬性广告和广告专题,参与电视栏目新闻报道;

③应采用双重诉求的方式做电视广告,广告专题片以塑造企业品牌为主题,集中宣传企业品牌发展的种种优势;

④以省级市场为目标区域，进行企业品牌套播投放，理性地诉求企业品牌；

⑤以广告专题片为辅助，集中强化企业品牌在广大消费者心目中的品牌形象。

注意点6.选择合适的投放策略

电视媒体选择影响到企业的品牌形象与市场扩张。优秀的广告服务商会为客户着想，关注客户广告发布的效果，会在广告投放之前提供如下几点：投放前媒体策划（为客户的媒体投放计划提供数据支持）、市场状况分析（竞争分析、机会市场分析、目标人群分析）、媒体分析与监测（播出效果、质量、长度、次数、时间段报告、目标受众分析、媒体态度分析、广告到达率、品牌回忆度）。

媒体名称、媒体时段、长度、频次、投播时间段，都是企业广告投放很重要的选择依据。

图3-2　企业做广告投放的五个选择标准

企业在广告投放前要做的工作主要有两类。

①进行广告投放分析，计算每次播放成本及播放对比，选择性价比最高的电视媒体投放方案。

如，某企业每次播放价格为200元，每天播放20次套播，如有50%的播出次数是在深夜等垃圾时段或重播性栏目播出，则它的实际播放价格等于上涨50%，播出次数则相当于减少50%。因为深夜等垃圾时段和重播性栏目本身的到达率极低，达不到与实际播出次数相符的广告效果。

②进行全面的分析后再做出电视广告投放策略。

不要盲目地相信广告公司的提案，而要从企业产品特性、定位、市场状况等出发来制定广告投放策略。从央视到省级卫视再到省级地面频道以及数不胜数的地市级电视媒体，不同的电视媒体定位于不同的传播区域，具有不同的传播价值。如何根据企业的营销发展重点确定电视媒体投放的选择，需要企业从多个方面入手，对电视媒体表现进行科学的评估，最终找到适合自身的传播载体。

高效电视广告的四个标准

电视广告很多，而且都是瞬时即过。要想在这么短的时间内、这么多的电视广告里脱颖而出，为电视观众所注意，并且看明白广告的诉求点是什么，必须达到四个标准。这也是所有高效电视广告的主要标准。

图 3-3　好电视广告的 4 个标准

标准 1. 产品关联

产品的关联性是说产品在广告中的角色应该是关键角色。

关联性强调的是在创意故事中最终与消费者产生沟通的点是产品本身内在或外在的信息。这里的信息指的是产品所传达的内在意念或外在功能属性。即使产品从头到尾在广告中不出现，但由于其意念的关联性存在，仍能与消费者产生共鸣。产品名称可能只在最后一秒的标版出现。这样的例子也很多。

标准 2. 视觉震撼

充分发挥电视声画结合的特点，通过有冲击力的画面和震撼人心的故事情节，迅速抓住人们的视线并有力地拨动观众的心弦，达到激荡的效果。30 秒稍纵即逝，震撼力能让我们的广告常驻人们的记忆中。

标准 3. 诉求单一

由于电视广告的时效性，即只是在短时间内使用。所以，电视广告的内容必须是简练诉求的内容，必须诉求点集中，表达方式单纯。在每一个商品中都可以挖掘出一个独特的突出诉求和承诺（Unique Selling Proposition）。这是因为两点：

①单一的诉求记忆度更高；

②单一的诉求传递商品的承诺更迅速。

标准 4. 原始创意

创意的原创性是塑造独一无二的品牌形象的重要原因。电视广告内容、形式都是唯一、独特的。现在的电视频道很多，各种平庸的广告泛滥成灾，只有崭新的意念的广告才能脱颖而出。

电视广告文案创作的六个要求

电视广告所独具的蒙太奇思维和影视语言，决定电视广告文案（脚本）的写作既要遵循广告文案写作的一般规律，又必须掌握电视广告脚本创作的特殊规律。具体要求如下。

图 3-4　电视广告文案创作的 6 个要求

要求 1. 确定广告定位与主题

电视广告文案（脚本）的写作，必须首先分析研究相关资料，明确广告定位，确定广告主题。在主题的统帅下，构思广告形象，确定表现形式和技巧。

要求 2. 语言要直观形象

电视广告文案的写作，必须运用蒙太奇思维，用镜头进行叙事。语言要具有直观性、形象性，容易转化为视觉形象。

要求 3. 考虑时间的限制

按镜头段落为序，运用语言文字描绘出一个个广告画面，必须时时考虑时间的限制。因为电视广告是以秒为计算单位的，每个画面的叙述都要有时间概念。镜头不能太多，能保证广告在有限的时间内，传播出所要传达的核心内容。

要求 4. 声音与画面和谐

电视广告是以视觉形象为主，通过视听结合来传播信息内容。因此，电视广告文案（脚本）的写作必须做到声音与画面的和谐，即广告解说词与电视画面的"声画对位"。

要求 5. 充分运用感性诉求方式

电视广告文案（脚本）的写作，应充分运用感性诉求方式，调动受众的参与意识，引导受众产生正面的"连带效应"。为达此目的，脚本必须写得生动、形象，以情感人，以情动人，具有艺术感染力。这是电视广告成功的基础和关键。

要求 6. 注意四类广告词的创作要点

写好电视广告词，在于做好广告的构思与设计，这决定了电视广告的成败。

表 3-2　电视广告词的创作要点

广告词内容	文案创作要求
人物对话	写好人物独白和对话。它的重要特征偏重于"说"，语言要求生活化、朴素、自然、流畅，体现口语风格
旁白解说词	对旁白或画外音解说，可以是娓娓道来的叙说，或抒情味较浓重的朗诵；也可以是逻辑严密、夹叙夹议的说理
标语及口号	广告词中标语口号是重点，文案要求尽量简短，具备容易记忆、流传、口语化及语言对仗，合辙押韵等特点
广告字幕	以字幕形式出现的广告词要体现书面语言和文学语言的特征，并符合电视画面构图的美学原则，具备简洁、均衡、对仗、工整的特征

某市香格里拉花园电视广告创意说明

一、广告时长

45秒。

二、表现方式

鸟瞰图＋移动实景摄影＋生活创意剪影＋文字＋男声配音＋背景音乐

三、影音片段

片段1：在悠扬的钢琴背景音乐声中，香格里拉花园鸟瞰图缓缓由小变大，直至充满整个视框，短暂的画面停留，切换到立面效果加马群雕塑园林画面，项目logo由边缘向中间划动，逐渐变大，项目定位语："惠来首席13.8万平方米国际风尚社区"字样由底部耀然升起来，闪烁着珍珠般晶莹的亮光后订立。

旁白：升起城市的信旗，缔造建筑的史诗，香格里拉花园，13.8万平方米国际风尚社区横空出世。

片段2：画面翻转至小区实景拍摄（可用宁波模板）。场景：主入口景观通道绿树成荫，名贵轿车从边道驶过，叠层跌水哗哗声入耳，伴着水声，转至马形雕塑由下而上拍摄。切换后片段：成功男士闭目侧耳聆听风和一对老年夫妇在休闲椅旁细语亲昵的画面，由手形表现一对青年夫妇迎接孩子放学回家的情景。

旁白：新古典主义建筑风格在这里真实演绎，宫廷园林彰显您的尊荣与华贵，惠来精英阶层最空前的聚集。

毗邻名校，亲子教育不再遥不可及，寄希望于未来的您，一次有度的奢侈，真实地关心孩子的成长。

片段3：三代其乐融融的聚餐场面渐逝后人们对城市夜景的远望，视线逐步延伸，灯光慢慢消失，喜迎清晨一轮东方朝阳的升起。

旁白：日新月异的城市格局，香格里拉是永远闪耀的星座,您的信心缘自我们不懈的品质追求。

片段4：30%首付，轻松体验国际生活品位，入主尊荣豪宅（字样加配音）。

Logo文字组合＋展示中心地址＋电话号码图样

旁白：香格里拉花园已于××酒店荣耀展示，咨询热线：××××××××。

电台广告营销

作为传统媒体之一，电台并未像某些人认为的那样淡出媒介市场。目前，都市有车族正在迅速膨胀，收听车载电台成为驾车者度过枯燥旅途时间的主要方式。如果一名有车者打算买房，广播电台将成为他获得房地产信息的重要渠道之一。

电台广告的传播优劣势分析

电台广告的最大优势是范围广泛。有些节目会有一定固定且特定的听众。企业如果选择在自己目标客户喜欢的时段投放广告，效果最好，获得的注意率也较高。但电台广告具有边工作边行动边收听的特点，广告受众的听觉往往是被动的，因而广播广告信息的总体注意率不高。

与其他媒体相比较，电台传播具有速度快，且收听方便，成本较低，不受收听环境制约等优势，特别有利于时效性要求很强的广告，如房地产促销广告。从人们对电台的态度上看，29.8%的人认为电台就像是自己的朋友。若电台能在发挥自身优势的同时，把握住这一群忠实受众群，其广告收益大有潜力可挖。比如，根据一些抽样调查，某项目发现在总体房屋预购人群中有33.8%的人热爱收听广播。

表 3-3　电台广告在传播信息中的优势和弱点

优缺点	特点	具体内容
优点	传播面广	广播使用语言做工具，用声音传播内容，听众对象不受年龄、性别、职业、文化、空间、地点、条件的限制
	传播迅速	广播传播速度快，能把刚刚发生和正在发生的事情告诉听众
	感染力强	广播依靠声音传播内容，声音的优势在于具有传真感，听其声能如临其境、如见其人，能唤起听众的视觉形象，有很强的吸引力
	多种功能	可以用来传播信息、普及知识、开展教育、提供娱乐服务，能满足不同阶层、不同年龄、不同文化程度、不同职业分工的听众多方面需要
缺点	难以记录	传播效果稍纵即逝，耳过不留，信息储存性差，难以查询和记录
	选择性差	线性传播方式，即广播内容按时间顺序依次排列，听众受节目顺序限制，只能被动接受既定的内容，选择性差
	吸引力差	只有声音，没有文字和图像，听众对广播信息的注意力易分散

另外，青少年是不容忽视的广告群体。青少年会影响其父母的购物决策，因而青少年已成为当前及未来市场消费中一群不容忽视的群体。在成人的购房决策中，孩子对他们的父母也有一种潜在影响，房地产广告在满足成人消费需求的同时，也应考虑去迎合孩子的心理。

电台广告的三个要素

电台广告虽没有画面，但通过语言、音乐、音效这三部分内容的完美结合，却可以调动听众的想象力来弥补这一缺憾，创造出现实生活中不可能有的景象。

图 3-5　电台广告的 3 个要素

1 要素 1. 语言

语言是电台广告的核心组成部分，产品或企业的广告信息须借助有声语言进行传达。

通常情况下，一则 15 秒的广播广告最多可以容纳 40 个字的有声语言文案。

案例：

观山水、阅书香……观水文苑。四十二中西邻，板式小高层，一梯两户，全面装修阶段，入住在即。66×××19，66×××19……

表 3-4　电台广告有声语言的 3 个层次

层次	内容诉求	案例
第一层	吸引人注意的开头，建立起项目的影响力与知名度	观山水、阅书香……
第二层	在成功抓住听众注意力之后，要尽快释放项目信息和价值点，加深听众的印象	四十二中西邻，板式小高层，一梯两户，全面装修阶段，入住在即
第三层	广告的最后再次强调案名、地址及联系方式，通过巧妙地重复方式来提高品牌印象度	66×××19，66×××19

2 要素 2. 音乐

配乐最主要的功能是表象功能，人们能够利用它来构造"形象图画"。配乐的选择应契合地产项目的气质，最终达到提高广告的吸引力、感染力和记忆度的效果。

表 3-5　房地产电台广告的配乐参考

地产项目	电台广告配乐类型
景观资源突出的建筑	搭配"班得瑞"型的轻音乐，能营造出大自然的氛围
宫廷式建筑	搭配"女子十二乐坊"类的古典音乐
欧式建筑	搭配北欧音乐，空灵、迷幻、轻盈、干净是这类音乐的共性
纯住宅社区	搭配温馨、舒缓的音乐，营造家庭、理想的氛围
SOHO 小公寓	搭配时尚、激情、动感的音乐

3 要素 3. 音效

音效有着强烈的提示和暗示作用。它能诉说人的行为及人和自然的物质变化，从而加强听众对商品的印象。善于利用音效烘托环境气氛的房地产类型的电台广告可以达到以下三个效果：广告全程连贯自然；音效技巧熟练优美具有可欣赏性；配音与楼盘气质相符。

电台广告投放的五个要点

电台广告的投放,应当充分结合电台媒介的特性,在广泛收集市场信息的基础上,合理地选择广告内容、广告时段以及广告方式,从而实现广告投放效果的最大化与最优化。

具体说来,房地产开发商在制定电台广告投放策略时,须注意以下五个要点。

图3-6　电台广告投放的5个要点

要点1. 跟踪调查统计数据

投放广告之前,应全面收集各大电台的调查数据,仔细阅读有关电台的受众情况、收听率和广告支出等资料。这些资料有助于开发商决定,哪些电台可以最有效地接触到自己的目标顾客。

例如,北京交通台,调研显示,它的收听率排名在北京市各电台中从没进入前三名,但它的广告数量却排行第一,因为它抓住了广告主看中的那部分受众——"移动人群",所以它的广告价格也比其他广播电台平均高出30%。广告投入同样是投资,同样期待着最丰厚的回报。

要点2. 保持广告词的简单

广播电台主要靠声音来传递信息,是一种可以煽动情绪的媒体,但它不适合于表现细节。因此,广播广告应该保证语言的简洁易懂,而不要试图表达那些耐人回味的"隽语"。

例如,可以利用电台传播某个促销活动,或宣传某项新服务,而细节性的解释工作就留给报纸,或者是营销信函。

要点 3. 避开广告"拥堵"时段和"大"的广告间隙

很多营销专家曾建议购买下午五点左右的电台广告时段，导致该时段的广告价格大幅走高。其实，某调研机构对全国七大城市的调查表明，电台广播的收听率在早晨（7：30—8：30）有一个小高峰，而在其他各个时段的收听率基本保持在同一水平。因此，广告投放应该避开高峰时刻，甚至可以购买清晨和午夜的广告时段。这个时候的价格比较便宜，而且听众比下午五点钟时要多。

另外，为了抵消竞争对手的干扰，在广告时段的购买上还应回避很长的广告间隙。广告专家科恩建议企业选择每个小时广告播放数量在 14 个以内的电台。理想的电台是每小时只插入四次广告，每次播放四至五条广告。企业最好远离那些每个节目间隙插入八到十条广告的电台。因为这样，企业广告会被淹没其中，起不到任何传播的效果。

要点 4. 使电波在某一时段内"饱和"

许多企业在广播广告投放上犯的最大错误是不在一段时间里购买大量的广告时段。与其把广告预算平均分配到一个月，不如在两周内集中购买；与其同时在三个电台播放 18 次广告，不如专心在两个电台播放 30 次。尤其当这个公司还不太有名的时候，听众应该在一周内至少有三次能够听到关于这个企业的广告。

要点 5. 与顾客保持联系

除了收集历史数据，开发商还可以保持与顾客积极的沟通，通过各种方式与顾客交流，向他们询问，哪些电台关于企业的广告被他们记住了。对那些顾客有好评的电台，可以增加广告投入，而对那些反映不佳的电台，可以降低甚至取消广告投入。

某房地产广播广告文案创意

一、表达企业的精细精神

1. 表现形式：广播故事剧

2. 广告主题：宣扬企业理念与企业文化，树立良好的市场口碑和品牌效益。

3. 广告时长：2分钟小专题

4. 广告内容：（画展篇）

广告语："专注品质，近乎苛求！××房地产公司，为你生活的每一寸空间精益求精。"

在法国巴黎的一栋新房子中举办了一场画展，作品的级别非常高。醉心于抽象派和立体派绘画的艺术商人保罗参观了这次画展。在画展中，他花了大半时间去选购名画，选来选去都找不到满意的作品。

保罗继续在画展中逛着逛着。终于，他的眼睛一亮，被眼前这一幅白底黑点铜框的画所吸引。于是，他兴致勃勃地问画展的工作人员："请问这幅画标价多少钱？是不是非卖品呢？"

工作人员微笑道："对不起，先生，这只是墙上的一个电器开关。"

在这样一个画展的故事中，我们晓得，建筑也可以是一种艺术。优良的建筑，连一枚电器开关的设计都不会忽略。

广告语："专注品质，近乎苛求！××房地产公司，为你生活的每一寸空间精益求精。"

二、强化消费者对企业和楼盘认知度的统一

1. 表现形式：硬广告

2. 广告主题：配合其销售热潮来不断宣传楼盘，续接前期对企业品牌的推广，以期强化消费者对企业和楼盘认知度的统一。使楼盘迅速进入市场，提高市场占有率。

3. 广告时长：30秒产品（楼盘）硬广告

4. 广告内容一：

直述篇：突出楼盘整体特色

建筑面积——50万平方米，人工湖水系——3万平方米，近万棵名贵树木，1千米长的世界建筑风格主题商业街，全方位的都市生活配套，品味和谐、融洽、时尚的生活乐趣。

广告语：都市的繁忙需要一处心灵的居所，××××（楼盘名），好家——好日子。

5.广告内容二：

剪辑篇：展示楼盘给人带来的舒适的精神享受

"是现房，住进来——踏实。"

"门口湖水荡漾，在都市，终于找到了和家乡风景很像的地方。"

"那是我初恋的回忆，在湖水里泛舟。"

"再也不用逼着丈夫去荷兰看风车了。这儿有！一样的迷人。"

广告语：都市的繁忙需要一处心灵的居所，××××（楼盘名），好家——好日子。

注：35岁左右的女声，每句话之间不具有连接性，好像被剪切了的感觉。

三、强化消费者对企业和楼盘认知度的统一

1. 表现形式：生活小单元

2. 广告主题：以持续经营品牌为广告策略原则，以柔性诉求打造品牌，包括产品品牌和企业品牌并进。

3. 广告时长：1分30秒单元

4. 广告内容一：生活小美文（向上篇）

××置业，与您共同体味人生向上的精神。

有时候，人们只要往上走几步，不要太高的地方，世界就完全不同了。在这样一个高度，既可以抬头，也可以俯瞰。这时候，这个世界，天，更宽广了；地，更辽阔了；人的心，也就更自由了。找一回自由的心情，守一回自由心境的家园，享受向上居住的乐趣。

××置业，与您共同体味人生向上的精神。

第三节 报纸广告营销

报纸广告是房地产广告广泛运用的大众传媒广告媒体。报纸的传播范围比较明确,这是它适宜投放地产广告的一个重要原因。

报纸既有国际性,又有全国性和地区性之分;既有综合性的又有专业性之分。不同的报纸有不同的发行区域,即不同种类的报纸覆盖范围各有不同。这种明显的区域划分,给开发商选择媒体提供了方便,因而可以提高广告效果,避免广告费用的浪费。

报纸广告传播优劣势分析

报纸广告的版面空间是广告信息的载体,它引起受众注意的要素有两个方面:一是版面面积,二是刊登位置。

房地产广告选用报纸版面面积可以从半通栏至整版,版面面积越大,广告注意率越高,但经济支出也越大。第一版广告刊登位置效果最佳,其他各版广告刊登位置效果递减。各大报纸根据广告版面效果的实际情况分档收费。

表3-6 报纸广告效果分析

优缺点	特点	具体内容
优点	传播面广	发行量大,触及面广,遍及城市、乡村、机关、厂矿、企业、家庭,有些报纸甚至发行至海外
	传播迅速	一般都有自己的发行网和发行对象,因而投递迅速准确
	具有新闻性,阅读率较高	能较充分地处理信息资料,使报道的内容更为深入细致
	文字表现力强	版面由文字构成,文字表现多种多样,可大可小,可多可简,图文并茂,又可套色,引人注目
	便于保存和查找	信息便于保存和查找,基本上无阅读时间限制

续表

优缺点	特点	具体内容
缺点	时效性短	报纸的新闻性极强,因而隔日的报纸容易被人弃置一旁,传播效果会大打折扣
	传播信息易被读者忽略	报纸的幅面大、版面多、内容杂,读者经常随意跳读所感兴趣的内容,因此,报纸对读者阅读的强制性小
	理解能力受限	受读者文化水平的限制
	色泽较差,缺乏动感	报纸媒体因纸质和印刷关系,大都颜色单调,插图和摄影不如杂志精美,更不能与视听结合的电视相比

报纸广告营销的 6 个工作步骤

报纸广告营销遵循以下 6 个工作步骤。

图 3-7　报纸广告营销的 6 个工作步骤

▌1 明确广告目的

主要确定广告类型、广告欲达到的目标和有关建议。这是一个重要因素,确定好的广告目标要用来指导以后所有的广告投放和营销工作。

▌2 确定广告的具体报纸类型

通常开盘期和强销期是为项目造声势,涉及面广,投放报纸种类多。在持续期内一般只在发行量大的报纸上投放,原则是在保证一定效果的同时降低成本。

❸ 广告刊登次数和日程排布

控制好广告刊登次数和日程排布很重要。通常在一较短的时期内，如一个星期、一个月内同样的广告或微变的广告会不止一次出现。每个时段内的楼盘动态、营销状况或卖点强调，出现的次数和日程安排都要严格控制，避免投放少了不奏效，或者投放多了浪费钱。

❹ 考虑广告的大小、投放位置和版面

广告大小主要有整版、半版、1/4 直版、通栏和半通栏。位置主要在新闻下和报头，广告版还有上下之分，同时涉及具体版面。这些都要根据广告目标和成本来决定。一般而言，在显著的版面上半版或整版刊登，非常有助于客户增加对楼盘的信心和对公司的信任。

❺ 广告设计和表现

房地产广告的设计和表现，所有考虑终将落实在具体的画面、文字和言语中。因此，要注意以下 4 点。

①醒目的标题。广告效果 50%～70% 是大标题的力量。标题一定要醒目，表达清晰，如果能具备一定文采则更佳。

②简洁的文案。广告文字说明一定要主次分明，言简意赅，楼盘的众多信息没有必要在一则广告中一诉而尽。突出重点，语言流畅即好。

③易识别的色彩。若是彩色广告，本身已有色彩优势，比黑白广告容易受人注目，但要避免色彩堆砌。建议最好以一种色彩为主，而该色彩可以是企业色或楼盘的专用指定色，贯穿在该楼盘的整个营销周期内的报纸广告中。

④真实的画面。广告中的画面一定要真实，不能引起消费者歧义的联想。在建中的项目应在广告中注明是效果图。

❻ 广告效果测定

通常可以分两步进行。第一步在广告发布之前，在公司内部或邀请部分专家先交流意

见，进行必要的修改，确保发布前的质量。第二步是发布后，通过现场来电、来访、下定等统计来反映广告的市场效果，也可以邀请部分客户对广告发表意见看法，从而反复调整，日臻完善。

软性报纸广告的 4 种表现形式

软广告是通过文章的形式来达到树立形象和促进销售的功能。其中，尤以树立企业和楼盘的公众形象居多。具体有 4 种表现形式。

图 3-8　软性报纸广告的 4 种表现形式

▶1 宣传企业形象

宣传企业形象可以选择的点可以是开发商的简介、以往业绩、现今的奋斗，也可以是开发商总经理或董事长的访谈录、个人印象采风，以期通过决策者公众形象的树立增加可信度和认同感，最终为促进旗下楼盘的销售。

▶2 介绍楼盘情况

介绍楼盘通常有三种形式：一是纯粹的楼盘介绍，表现其值得突出的卖点；二是楼盘工程或销售进度的阶段性成果汇报，如开盘、热销比例、结构封顶、竣工等节点；三是通过散文的形式描绘居住在本楼盘的意境。

③ 报道各期活动

即楼盘销售过程中举行的 SP 活动采集报道，如征文活动、大型游园咨询会等。值得一提的是新近出现的"专家研讨会"和"客户征询会"形式，通过对专家意见和客户言谈的报道配以真实相片，可信度和认同感极高，对销售产生良好的后续影响。

④ 统计发布市场信息

主要是中介咨询信息公司将部分自有市场信息公布于众，在给其他企业和购房者提供信息的基础上树立自身的专家地位。这类软广告所占篇幅不大，出现频率相对固定。

硬性报纸广告各类型传播特点

硬广告是报刊上出现次数最多的广告类型。通常在新闻上的位置、大小有整版、半版、1/4 直版、通栏和半通栏之分。在有限的版面内通过文字、图案、色彩的组合将楼盘信息传达给购房者。依据不同的分类标准，硬广告可分为不同的类型。

① 不同广告性质的两类广告

（1）楼盘广告

楼盘广告指以楼盘销售信息为主体的广告，围绕楼盘本身情况如方位、卖点、小区情况等展开。在这类广告里，开发商、代理商、设计商、承建商等相关单位只做信息列示，不作具体介绍。大部分硬广告即属此种类型。

深圳雍景一号的广告文案

标题：临风把盏，悠悠南山！

正文：智者乐水，仁者爱山。

如果说大梅沙是深圳最美丽的海，那么，大南山就是深圳最美的山。从雍景一号阔大的阳台望去，整个大南山山体一览无遗，苍翠欲滴。如果是晴天，则可见朵朵白云从山峰间缓缓流淌，似流水、如花丝。在阳光下，山色呈现出多变的姿态，一边青翠，一边黛黑如墨。起伏的山体曲线如女人优美灵动的舞姿，动如飘仙，静若处子。倘若是雨天，大南山就更美了。整个大南山都处在青色的雾霭之中，隐隐约约，仿佛蓬莱仙阁。你也许会想，会不会有某个仙人就住在南山。

无论是晴天，还是雨天，登大南山都会是一种极大的乐趣。沿着山麓拾级而上，山路边满是翠绿的树、乔木、灌木、花草以及荷叶上的露珠或雨珠，还有飞过的鸟和鸟的鸣叫。你会发现，整个世界都是如此的安静，只有这些天籁之音。爬上山顶，到山上的小亭子里面坐坐，喝杯清茶，整个世界都在你的掌握中，整个城市都在你的脚下，悠悠南山哦。

鉴赏点评：该文案以山水环境为诉求主题，从"智者乐水，仁者爱山"的角度出发，点明楼盘依山傍海的特色及优势，还点出了楼盘拥有"城市生活的配套资源"等卖点。文案以优美的文字描绘了楼盘"无可媲美"的山水美景。

和世界上所有著名的豪宅一样，雍景一号几乎霸占了整个城市的所有稀缺资源：灵秀的四海公园、俊秀的大南山以及海，还有极度成熟的城市生活配套资源。

它昂然挺立在四海的上空，和烟霭缭绕的大南山遥相呼应。再远一点，就是那片烟波浩渺的海水。风是咸的，和着四海葱郁的植被的青色气息。

（2）企业楼盘综合广告

企业楼盘综合广告是指开发商的介绍在广告中占一席之地，开发商与楼盘彼此映衬，通过形象树立来促销。

文案点评：上海明日星城

上海"明日星城"，2010年4月20日开盘。其开盘广告花了一半笔墨述说开发商"东方金马"的以往业绩，继而引出现今的代表作"明日星城"；广告另一半则是该楼盘的大体概况。这类广告多在开盘前或初期使用，给人以实力和信心的保证。在开发商对旗下在售的所有楼盘做宣传时，这种广告也是常用的一种手法。如"上海城开成立四周年庆典，回馈社会，安居徐汇"，旗下"虹枫大厦"等4座楼盘同时作推广。

▶ 不同广告风格的5类广告

不同广告风格有以下5类广告。

（1）信息告知型

出现在开盘前期和初期，意在提高楼盘的知名度和潜在客户的认知感，采用简介形式配以效果图。

如"衡园"开盘广告，大幅字体"开盘"加上规划的小区情况介绍；"乔顿花园"一句"多层闪亮登场"配以简单介绍，简洁明了。

（2）劝诫说服型

出现在销售中期，随着工程的推进，列示楼盘的种种优点或卖点，劝说购房者接受，以期提高市场占有率。

如"东方巴黎"（上海）一则广告，在列举了种种优势后，以标题"您还犹豫什么"发起进攻。

（3）心理型

贯穿于整个销售周期，对其间种种事件进行提示。事件可以是工程进度达到阶段性目标、样板房制作完毕、房展会展台位置通知、全面调价说明、新房型问世、SP活动等，提请购房者注意，也给购房者一个讯息。

如"大闻·丽都苑"之"封顶热销景观小高层"；"天鼎花园"之"示范屋全面完成，敬请参观"；"上海花城"之"艺术大师著名画家荟集上海花城"。

（4）推广形象型

往往配合楼盘或开发商获奖情况而作，提升整体品质和形象。

如"上南心苑"一则广告以"荣登××××年第一季度浦东楼盘销售榜第8名"为主打；"金桂苑"在获得鲁班奖后，打出一则"鲁班奖＋住宅示范小区＝建筑全优"的广告。

（5）假日促销型

在时逢节假日或城市举办大型活动时出现，广告手段多以价格优惠信息为主，还会配有预订保留房型、获赠礼品等多种形式。

如"五一"节前夕，绿地集团推出"迎五一"，看楼盘，抓时机，买特价"旗下各楼盘限量特价销售"；"生活大师"5月3日～15日凭广告抵价2万元；"贵龙园"于5月1日～10日推出经典房型；"玉城大厦"开盘酬宾，前10名为购房者免一年物业管理费和车位费。

▶ 3 不同文案表现力的15类广告

表3-7　硬性报纸广告的15种类型

类型	案例
欲扬先抑型	恒大华城上河苑："掌声背后的小小遗憾，有限房源抵不住络绎不绝的垂青，难免造成想购未能如愿的遗憾，为免向隅，精华保留三房，现隆重推出后期房源即将陆续登场，敬请密切关注。"
平铺直叙型	绿茵伴侣："1950入住新世界"，简洁明了，价格突现； 明日新苑："绿地集团明日新苑"，开发商加楼盘名，一目了然
自视尊贵型	静安华府："至尊显赫，傲然出世"； 威海苑："绽观层峰人士无限风光"； 仁恒滨江苑："高贵成就，名邸风范"
专家口吻型	达安花园："环境不是单纯的观赏"； 居家豪门："名家、名楼、名不虚传"； 梅山大厦："网络专家光缆通，高智商住宅"
意境构筑型	威宁花苑："源自欧洲建筑艺术的经典与浪漫"； 日月星辰："享受都市的繁华和绿野的宁静"
贴近民意型	真建小区："买得轻松，住得舒心"； 靖宇大楼："发现一个好地段，找到一个理想家"
引人入胜型	西郊华城·石涛园："非常别墅"； 意和家园："城市独立部落"
新颖理念型	新外滩花苑："宽带生活"；"爱建新家园"；"新海派生活宽银幕"
暗示卖点型	复星新苑："五月买房子，七月就能搬新家"，暗示交房在即； 北美枫情："进退自如，轻松出行"，暗示交通便利，地段上乘； 龙腾浦东："二房预算住三房，生活品位轻松升级"，暗示价格，物超所值
情感驿动型	新福康里："我的情感我的家"； 玫瑰园："情有独钟"
楼名隐含型	天香公寓："天香有礼"
第一人称型	康桥半岛："我要搬家"； 悉尼阳光："老爸有交代，'悉尼阳光'会看涨，千万别声张！"
问句呈现型	中星莱阳公寓："好安家，安好家"； 菊园："过江费取消，您还有什么理由不投资菊园？"

续表

类型	案例
祈使发号型	菊园:"投资菊园精彩两房"; 怡峰园:"聚焦中山公园,聚集地铁口"
展望前景型	中远两湾城:"未来可以触摸"; 兰港大楼:"入住兰港,扬帆远航"

▶ 不同内容传达的 3 类广告

不同内容传达的广告有以下 3 类。

(1) 单一卖点型

指一则广告基本围绕一个卖点展开,包括价格、房型、地段、品质、环境等。单一诉求能直接吸引人们的注意,使广告目标集中且奏效。如"窗是人的第二眼睛",一则广告全部讲述楼盘的凸窗设计,配以简要介绍,突出所处地段。

(2) 若干卖点型

指一则广告强化几个卖点的作用,在有限的空间里传达几条信息,利用了版面篇幅,但阅读者的接受保留期较单一卖点型广告短。

若干卖点型的广告如"环龙新纪园"之"地铁上下班、麦德龙购物、世纪公园休闲",依次突出了交通、购物、休闲娱乐,也暗含了地段;"金塘小区"之"地铁·名校·温馨家",则包含了交通、教育环境和氛围。

(3) 综合传达型

此类广告几乎包容了该楼盘的全部信息,且各自比重相持不下,信息完全却不容易达到焦点集中的效果。

需要注意的是,这类型的广告,若设计表现不力,非常容易造成信息堆砌零乱之感,不便注意和记忆。采用这种广告形式的多为低价盘,因为此类楼盘广告费用受限,期望通过少量广告传达尽可能多的信息,但这类广告投放办法往往事与愿违。

房地产报纸广告林林总总,但其目的不外乎为企业或特定楼盘的营销任务服务。投放报纸广告需要秉承以下几个原则。

①在具体营销目标的指导下,选择不同类型的房地产报纸广告类型,并适当配以其他媒体的广告同步、有选择地进行。

这是最大限度地利用有限的版面和预算中的资金，达到最有效的广告效果，促进楼盘的销售的最优办法。

②对发行量大的报纸一定要考察其受众群体是否与楼盘目标客户一致。

报纸媒体一直占据房地产广告的半壁江山，很多开发企业因为预算制约，非常喜欢选择发行量大的报纸，这本无可厚非。但是，对于广告投放，一定是接受的受众有针对性才是最好的广告，并非报纸发行量越大越好。因此，对于发行量很大的报纸，企业也要考察其千人成本与目标客户的媒体接受习惯的内在契合程度。只有这样，才能做到广告投放有的放矢。

房地产界盛行"以人为本"的金律。但这些研究成果大都落实和体现在社区规划、户型设计等与产品直接相关的方面，关于目标客户的媒体客户群如何接收信息的研究却少之又少。

很多开发商在把商品信息传播出去时，经常站在自己利益的角度，想当然地考虑问题，而不是仔细地去辩明客户群喜欢接触什么样的媒体。所以，一些市场前景很好的楼盘，在媒体选择上却出现失误，致使整个项目失败。比如，有一些精良楼盘，却选择在大众化的报纸上露面，这对于楼盘形象是一种降低。

不同营销阶段的报纸广告排布策略

房地产报纸广告的投放应从营销周期出发，即根据开盘前期、开盘期、强销期和持续期和销售尾期这五个阶段的特点，有针对性地选择报纸广告的投放数量、投放形式等。

持续期
广告量趋于平静

强销期
与其他各种广告媒体互相配合

销售尾期
以软广告形式出现

报纸广告阶段性排布策略

开盘期
以告知型和促销型为主

开盘前期
以告知型为主

图 3-9　报纸广告阶段性排布策略

▶ 开盘前期：告知型

开盘前期报纸广告以告知型为主，配合现场 POP 广告和户外固定性广告的制作。开盘前期报纸广告范围扩大，表现在数量上的频繁和刊登报纸种类的增多。

▶ 开盘期：告知型及促销型

伴随着开盘期庆典活动和促销活动，这一时期的报纸广告以告知型和促销型为主，广播、杂志、直接邮寄等其他媒体广告开始使用。

▶ 强销期：与其他广告媒体配合使用

当强销期来临时，大量的报纸广告继续推进，各种类型都有展现，同其他各种广告媒体互相配合，促销攻势全面拉开。

▶ 持续期：广告量趋于平静

强销期过后的持续期相对较长，广告量比较平静。其间，随着工程进度的推进、SP 活动的开展以及节庆日的到来会有一些大的广告配合，直至销售完毕。

▶ 销售尾期：以软广告形式出现

出于对树立公司形象的考虑，持续期过后，即使销售已完毕，广告还会平稳继续，但多以软广告形式出现，以迎接下一期开盘或公司的另一个新盘问世。

此阶段期间的广告日程形态的排布多采用间歇型和脉动型，软硬广告兼施。

表 3-8　报纸广告策划建议表

报纸名称 \ 比较内容	规格	套色	投放日期	版面设计	费用	卖点设计

制表人：_____　　　填表日期：_____年____月____日

报纸各版面广告文案表现形式

选择报纸这一大众性媒体做广告,等于选择了以文案写作为主的表现形式。报纸广告文案,是直接与读者见面的广告作品的最后形式。

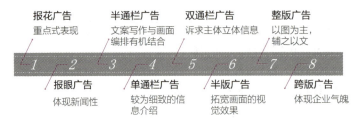

图 3-10　报纸各版面中广告文案表现形式

▶ 报花广告:重点式表现

报花广告版面很小,形式特殊,不具备广阔的创意空间。文案只能作信息的重点式呈现,突出品牌或企业名称、电话、地址及企业赞助之类的内容,不体现文案结构的全部,一般采用陈述性的表述方式。

房地产报花广告版面形式,相比其他广告版面设计形式,有以下 4 个特点:

①和新闻内容放在一起,看新闻就必须看报花,广告阅读率高;

②面积小,价格低廉,适合形象推广或小成本高频率推广;

③由于价格低,可多天次推广,增加人群受众覆盖,取得更好的广告效果;

④报花广告缺点是面积小,因此不可放置过多的文字内容,最好标题+产品+联系方式,用网站配合。

图 3-11　房地产报纸广告导读报花广告形式

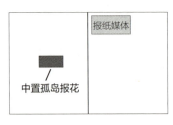

图 3-12　房地产报纸广告中置孤岛报花广告形式

图 3-13　房地产报纸广告下置孤岛报花广告形式

❷ 报眼广告：体现新闻性

报眼，即横排版报纸报头一侧的版面。版面面积不大，但位置十分显著、重要，引人注目。如果是新闻版，多用来刊登简短而重要的消息或内容提要。这个位置用来刊登广告，显然比其他版面广告注意值要高，并会自然地体现出权威性、新闻性、时效性与可信度。

由于报眼广告版面面积小，容不下更多图片，所以广告文案写作占据核心地位，具有举足轻重的作用。应特别注意以下 5 点：

①要选择具有新闻性的信息内容，或在创意及表现手段方面赋予其新闻性；

②广告标题要醒目，最好采用新闻式、承诺式或实证式标题类型；

③广告正文的写作可采用新闻形式和新闻笔法，尽量运用理性诉求方式；

④广告文案的语言要相对体现理性、科学、严谨的风格；

⑤广告文案需简短凝练，忌用长文案，尽量少用感性诉求，尤其不能用散文体、故事体、诗歌体等假定性强的艺术形式，以免冲淡报眼位置自身所具有的说服力与可信性。

❸ 半通栏广告：文案与画面有机结合

半通栏广告一般分为大小两类：约 65 毫米 ×120 毫米或约 100 毫米 ×170 毫米。由于这类广告版面较小，而且众多广告排列在一起，互相干扰，广告效果容易互相削弱，因此，如何使广告做得超凡脱俗、新颖独特，使之从众多广告中脱颖而出，跳入读者视线，这是广告文案的写作应特别注意的。

房地产半通栏广告的文案创作需要注意以下 3 点：

①制作醒目的广告标题。标题字数要短，字体要大，新颖别致，有冲击力，能一下子抓住受众的注意力；

②用短文案。语言要高度凝练简洁，提纲挈领，突出重点信息，力求做到小版面多内涵；

③文案的写作要注意与画面编排的有机结合。最好在编排先行、编排为主的制作意念中进行。

❹ 单通栏广告：较为细致的信息介绍

单通栏广告也有两种类型，约 100 毫米 ×350 毫米，或者 650 毫米 ×235 毫米，是广告中最常见的一种版面，符合人们的正常视觉。因此，版面自身有一定的说服力。从版面面积看，单通栏是半通栏的2倍，这种变化也应相应地体现于广告文案的撰写中。主要表现有以下4点：

①文案写作可以作为广告的核心部分，文案的对应性诉求可以起主要作用；

②广告标题的制作既可以运用短标题形式，也可以采用理性诉求的长标题形式；但为了与画面的编排相和谐，最好用单标题而不用复合标题；

③文案中可以进行较为细致的广告信息介绍和多方位的信息交代、信息表现，但正文字数不可多于500个汉字，以免造成版面拥挤，影响编排效果；

④文案的结构可以有充分的运用自由度，从一到五个部分的构成，都可自由表现，可以体现文案最完整的结构类型。

⑤ 双通栏广告：诉求主体立体信息

双通栏广告一般有约200毫米×350毫米和约130毫米×235毫米两种规格类型。

在版面面积上，双栏目广告是单通栏广告的2倍。这给广告文案写作提供了较大的发挥创意空间。凡适于报纸广告的结构类型、表现形式和语言风格都可以在这里运用。

双通栏广告文案写作应特别注意以下5点：

①可以诉求广告主体的立体信息、综合信息；

②广告标题可以采用多句形式和复合形式；

③可以多采用论辩性文案表现形式，并通过一些小标题来达到引发受众阅读的目的；

④版面编排可以放在次要地位，说服和诱导的重任基本上靠广告文案来完成；

⑤如果广告产品处于成熟期，在采用感性诉求时，应更注重广告主体的品牌体现、一贯观念体现。

⑥ 半版广告：拓宽画面的视觉效果

半版广告一般是约250毫米×350毫米和170毫米×235毫米两种规格类型。

半版与整版和跨版广告，均被称为大版面广告，是广告主雄厚的经济实力的体现。它给广告文案的写作提供了广阔的表现空间。因此，半版广告文案的写作应特别注意以下3点：

①运用画面表现的"大音稀声，大象无形"的美学原理，努力拓宽画面的视觉效果。

"以白计黑，以虚显实"，充分利用受众的想象力；

②文案写作既可以采用感性诉求，也可以进行理性诉求。可以运用适于报纸广告的各种表现形式和手段，辅助画面，营造气势，烘托气氛，强化视觉冲击力；

③采用大标题，减少正文文案，重点性附文方式，删繁就简，突出定位，以体现主体品牌形象的气势和形式吸引力。

7 整版广告：以图为主，辅之以文

整版广告一般可分为 500 毫米×350 毫米和 340 毫米×235 毫米两种规格类型，是我国单版广告中最大的版面，给人以视野开阔、气势恢宏的感觉。

整版广告的运用大体有以下 3 种方法：

①有文无图，或偶有插图，基本以文案方式出现。运用介绍性的文体对产品系列或企业作较为详细的、全方位的介绍；

②以图为主，辅之以文。以创意性的、大气魄的大画面、大文字和少文字来进行感性诉求。广告文案是起到点睛作用。文案与画面风格的协调是值得重视的关键要素；

③运用报纸的新闻性和权威性，采用报告文学的形式来提升企业的形象。

实践证明，第二种用法效果最佳。因此，这种类型的整版广告越来越多。

8 跨版广告：体现企业气魄

即一个广告作品，刊登在两个或两个以上的报纸版面上，一般有整版跨板、半版跨板、1/4 版跨版等几种形式。跨版广告很能体现企业的大气魄、厚基础和经济实力，是资金雄厚的企业或者超级大盘特别喜欢用的方式。

报纸广告 8 种理性诉求方式

理性诉求强调产品质量、性能、价格等带给消费者的实际利益，特别是产品所持有的品质，即针对消费者的显性需求。相对应地，它被称为"硬销售"，让购房者觉得物有所值，一分钱一分货。房地产是高参与度产品,所以其理性诉求必不可少。这种理性诉求在楼书、DM 中表现得更加明显。在报纸广告表现上,大致有以下 8 种诉求方式:

图 3-14 报纸广告 8 种理性诉求方式

▶ 诉求点 1. 自然资源、地形地貌

以自然资源和地形地貌为诉求点的广告经常使用的典型概念有以下几种:水边、坡地、果岭、温泉、海景、江景、水景、山景、森林、花园。

图 3-15 自然资源和地形地貌经常使用的典型概念

生活在钢筋水泥建筑中的人们,越来越想逃离城市灰色调,改变 CBD 的颜色,回归自然,返璞归真。项目所拥有的自然资源越好越能赢得市场的青睐,广告也可以借着项目"天时"、"地利"的优势,把握住消费者的心理,以此为诉求重点。

广告文案示范:

"富力半岛花园,一线临江,独享壮丽江景";

"琴海居，拍卖江景"；

"海珠区·海岸俊园，水岸壮阔江景，体验非凡意境"；

"公园道 1 号，建在溪谷中的联排别墅"；

"在森林公园里安一个悠闲的家，与株株梧桐为邻，尽享康居境界（白云高尔夫广地花园）"。

文案点评：珠江帝景文案解析

"珠江帝景——每天的水岸心情"。这则广告的成功，是在"创意"与"叫卖"之间找到一个平衡点，简单勾勒出水边生活淡淡的轮廓，恰如其分地道出楼盘最主要的卖点，又不失语言格调之美，同时更兼顾了一种情景交融的艺术境界，似一首小抒情诗的首句，读者联想由此翩翩展开，仿佛置身其中。水居与心情，内情与外景，读它时向往的感觉也恰似轻烟渺渺水面上泛起的层层涟漪。白描手法的合理运用，是这句广告词最成功之处。以自然资源为诉求点的广告应注意以下几点：楼盘要做响，给人们以联想；楼盘要做深，给人以知识；楼盘要作美，给人以艺术的享受；楼盘要做实，给人以慰藉；楼盘要做大，给人以整体感。

❷ 诉求点 2. 地理环境

以地理环境为诉求点的广告，可以使用的典型概念是：CBD、CLD、地铁、地王、地标、绝版、零距离、住宅郊区化。即使发展到现在，房地产项目的核心竞争力仍然是"地段"。所以，以地段为诉求重点的概念也是地产广告中频率最高的词汇。

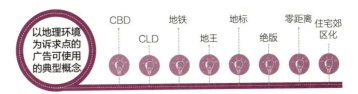

图 3-16　以地理环境为诉求点的广告可使用的典型概念

文案示例：

"广地花园，乘复式地铁，通往春天家园"；

"奇逸花园·蓝谷——离公司不远，离绿色很近"；

"金碧花园——地王之王"。

文案点评：漾晴居文案解析

"中央商务区，离真生活最近的地方"。以地理环境为诉求点的广告，往往都是占据先天的地理优势。漾晴居的这句广告语，直击自身的核心竞争优势。高明之处在于，不仅指出了自身的先天优势，更把其上升到了形而上的意识形态的高度。

❸ 诉求点 3. 产业嫁接

以产业嫁接为诉求点的广告，主要可以使用的典型概念为：艺术城、文化型地产、运动型地产、旅游型地产、复合地产、泛地产。

图 3-17　以产业嫁接为诉求点的广告可用的典型概念

在生活和工作都越来越远郊化的当前，那些没有自然资源，又并非出于绝好地段的项目广告怎么做，是大部分地产开发商最关注的问题。

如果项目占地面积比较大，开发商较有实力，开发商往往会把其塑造成复合型地产，就是既做项目开发，也做各类生活配套。这类楼盘都会赋予项目一个居住功能以外的概念，在建设项目的同时把商业以及所赋予的新概念做起来，以此带动人气。这是目前远郊楼盘开发的提高项目价值的一个重要模式。一方面，现代人们注重生活便利性，更关注个性的塑造与发展，寻求一个与自己个性相符的居所显得尤为重要；另一方面，"下一代"的培养与发展也是人们置业的重要考虑因素，"孟母三迁，择邻而居"，在这里得到了充分的发挥，可以通杀天下可怜父母。这类案例开创先河的要数碧桂园的教育模式。另外还有"城启，荔港南港，全方位主体化教育文化社区"、"华南新城，广州山水文化第一城"、"都市桃源学府别苑（江南新苑）"。

文案点评：复合地产文案解析

运动跟地产复合："奥林匹克花园——运动就在家门口。"

找准利益点对广告文案创作意义重大。如何找到一个利益诉求点并概括成一句精炼的广告语，去说服消费者采取行动，是房地产广告创作中的难题所在。

奥林匹克花园的广告以健康住宅为项目定位，在广告推广中以"运动就在家门口"为主题创作一系列广告，清晰地告知受众，买的不仅是房子，也是健康的社区、健康的家庭、健康的生活。明确的利益诉求让置业者心动并产生行动，也创立了房地产界"复合地产"的新概念。

艺术跟地产复合："方舟苑——艺术城（ART TOWN）。"

物质与精神结合，热闹与宁静相结合，实用与优美相结合，生活与艺术相结合。方舟苑的建设者们深入研究了人们的居住心理，充分利用项目的人文地理环境，提出了生活与艺术的概念，为居住者挖掘朴素的真挚与温馨，用艺术将不俗引入平凡生活，对消费者比较有打动力。

④ 诉求点4. 产品品质

以产品品质为广告诉求点的广告，可以使用的典型概念为：绿化率、容积率、智能、环保、配套、细节、会所。让一块土地上少生长房子，以绿地、生态环境为卖点现象，以智能化吸引消费者。在笔者调查调查的广告中，高档社区几乎都采用智能化管理，中档住宅也有近一半以提供不同程度的智能化服务为卖点；还有除少数高档公寓住宅外，绝大多数楼盘的广告中都提到了房屋的质量保证，甚至以电梯、门窗、地板等细节为切入点。

图 3-18　以产品品质为广告诉求点的广告可使用的典型概念

文案示例：

"世纪华都，科技核心，经典内涵"；

"天河区·中海康城，空间决定生活质量"。

文案点评：星河湾广告文案解析

"一个心情盛开的地方"。其报纸广告文案则以一系列的品质类比作为诉求："好房子是安静的汽车，星河湾是安静的劳斯莱斯"、"好房子是不用瓶子的香水，星河湾是不用瓶子的香奈尔五号"、"好房子是不报时的名表，星河湾是不报时的江诗丹顿"。《广告法》规定广告中是不允许出现"最"字的，本文案中与星河湾做类比的都是消费品中的奢侈品，如此用心对比，把星河湾楼盘的品质、品位自然蕴含在标题中，引起消费者的浓厚的兴趣。

▶ 诉求点 5. 产品组合

以产品组合为诉求点的广告可以使用的典型概念为：SOHO（SOMO、SOLO）、TOWNHOUSE（宽HOUSE）、错层、跃层、公寓、成品房、非常男女、珍宝公寓、精装。

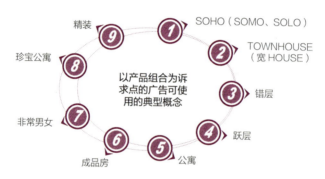

图 3-19　以产品组合为诉求点的广告可使用的典型概念

多功能公寓、投资型物业，需求不同造就了不同的产品概念。倡导家居化办公就要SOHO，初创业时的写字间只能购SOMO，讲究私密性就买TOWNHOUSE（宽HOUSE）、"无需搬家，带上随身物品即可入住"的是"成品房"、"单身公寓"、"珍宝公寓"、"非常男女某某座"，几代同住或需要创意空间就置办错层、跃层。

代表性广告语：

"在自己的阳台看上海的未来"；

"富力·环市西苑，环市西路成熟配套，演绎从容生活"。

文案点评：峻峰华亭广告文案解析

"错层办公空间，创意人基地"，由入住带来的享受，像广告人在描写自己的日常生活：把OFFICE变成HAPPY舞台，把快乐当做生产力，把SOHO概念推到一个新广告诉求，3D插画更是淋漓尽致地描述了目标受众。

▶ 诉求点 6. 建筑风格

以建筑风格为诉求点的广告可以使用的典型概念为：欧陆风情、法国风情、日式建筑、香榭里（舍/苑）、巴洛克、洛可可、现代、后现代、飘窗、角窗。

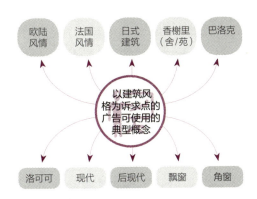

图 3-20　以建筑风格为诉求点的广告可使用的典型概念

中国人在追求现代的过程中，形成了两种倾向：一种是崇洋，另一种是复古。追求风雅也好，用居所来体现自己的品位也罢，总之以建筑为诉求点的地产广告非常能迎合一大部分消费者的心理。

广告文案：

成都芙蓉古城的"中国风"概念，上海新天地的"古典壳国际芯"概念，北京橘郡的"原装美国"概念，哈尔滨香榭丽苑的"法国"概念。

"珠江帝景，感受江畔艺术之都传世之美（法式庭院，卢浮宫）"；

"嘉仕花园，加勒比湾风情"。

文案点评：广州雅居乐广告文案解析

"家在广州，住在欧洲。"为什么家在广州，却要住得像欧洲呢？这就是在迎合一部分喜欢异域风情的人的个人喜好。对很多人来说，没有见过欧洲是什么模样，只在电视及报纸等广告上会看到欧洲的经典建筑及其独特的生活方式，于是，会对这种异域文化产生向往的念头。那么能在广州买欧洲风格的房子，体验欧洲的生活方式，还能一辈子住在里面，这就是抓住了喜欢异域风情人的一个非常关键的消费心理。当然，前提是雅居乐的欧洲故事的确不错，产品各个方面都做得非常优秀，对得起市场。至于真的像不像欧洲，那就看每个业主的体验和感受。从广告的目的的角度看，这是一个写得非常漂亮的广告。

诉求点 7. 价值

以产品组合为诉求点的广告可以使用的典型概念为：增值、升值、典藏、超值、恒久、世家。在一个城市新开发区项目或商业地产，大多会把"增值"、"升值"作为卖点，比如，哈尔滨松北的大部分楼盘大多把此作为炒作的重点，哈尔滨万达商业购物广场每期广告都在和消费者算投资回报率的账；针对精于计算购房产出与投资获利目的的消费者，强调房产的升值潜力也会有较强的吸引力。寻求最高性价比是消费者在购物过程中的普遍心理，便宜有好货的广告句式应运而生。另外，楼盘销售的收尾阶段，促销广告也会吸引众多消费者的眼球。

图 3-21　以产品组合为诉求点的广告可使用的典型概念

广告文案：

"保利百合，爱家的男人住百合"；

"雅宝新城，没有富爸爸照样住靓房（65万元可拥有208平方米欧美式别墅）"；

"金满家园，事实证明，供楼平过租楼"；

"志华一个铺，三代摇钱树"，广告语虽恶俗，但诉求点能让投资者心旌摇动。

文案点评：万科广告文案解析

万科房地产有限公司报纸广告文案"标题：鸡生蛋，蛋生鸡"。

正文：不动产投资的稳健性一面已被人们充分认识，而其高回报的一面却少为世人所知。根据被日本人称为"理财之神"的投资策略家邱永汉先生研究，东京、台北及香港的地价，在过去的20年间均上涨了100倍！在同样人多地少、人口密集、经济高速增长的上海，会出现什么样的房地产投资奇迹呢？投资者不妨拭目以待。在已经过去的几年中，投资者已经注意到上海的房价正以每年平均两位数的增长率在顽强上升，势不可挡。

诉求点 8. 管理服务

以管理服务为诉求点的广告可以使用的典型概念为：英式管家、五星级管理、酒店式服务、香港物业公司。消费者在购房过程中对物业管理水平关注度较高。

广告是没有需求创造需求，有需求一定要满足需求。但在广告及其文案表现上大多把管理作为次要诉求点。

文案点评：锦骏华庭

"滨江东高尚生活社区内首个倡导'英式管家服务'的精品住宅。"这类强调物业管理的广告多见于报纸广告文案的标题和软广告中。随着这类诉求的增多，以管理为口号的广告显得空洞，不易被消费者所接受，消费者更看重的是品牌。

报纸广告 3 种感性诉求方式

感性诉求针对消费者隐性需求，通过塑造产品或品牌形象、营造氛围等使消费者产生情感上的共鸣。它强调消费者通过使用这一产品获得自我形象。这类广告很少或根本不提及产品本身的质量及性能等方面的特点。这一广告策略又被称为"软销售"。

调查分析表明，房地产广告创意越来越趋向于重"情"（情感诉求）轻"理"（理性诉求）。从总体上比较，情感诉求式广告所占比重明显高于其他方式。用比值来比较则更能明显看出。

表 3-9　各档次楼盘广告创意情理诉求比例

楼盘	情	理	兼
低档价位	2.33	1.33	1
中档价位	1.75	1	2.5
高等价位	2.5	1	1.8

越是高档楼盘越倾向于情感诉求式广告，其广告越强调"时尚"、"品位"、"艺术"、"浪漫"、"情怀"这一类主观价值、审美情趣和艺术性方面的文化特质。这些真实的

情感能够感染消费者的情绪,引发消费者的联想,从而触动消费者内心深处的东西,引起消费者在精神层次上的共鸣,打动人心。

房地产广告中常用的感性诉求方式有以下 3 种:

图 3-22 报纸广告 3 种感性诉求方式

方式 1. 体现个人价值

以体现个人价值为诉求点的广告可以使用的典型概念:帝景、王府、豪宅、金领、富豪、精英、领袖、帝王之家、九五之尊、千金重地、龙凤宝地、尊贵宅邸、高贵专享。

图 3-23 以体现个人价值为诉求点的广告可使用的典型概念

自我实现是马斯洛心理需求的最高层次,是人性的永恒主题,居所往往是身份的体现,尊贵的象征,于是显示身份的词汇被广泛运用于房地产广告。具体表现为以个性化内容和个性化风格,充分展示诉求对象鲜明的自我观念与期许,个人对社会形象的向往和追求,包括个性、价值观念、自信、自豪、自我实现的感觉。

广告示例:

"城启•蓬莱阁,创西关首个新贵公寓";

"凤凰城,为每个成功的广州人建造一间别墅";

"碧海湾,国际名流府邸(新中轴线,数千亿打造成的豪华后花园)";

"盈泽苑,传世府邸,辉耀流金岁月";

"城启·天誉华庭,超越天河北豪宅标准新定义";

"祈福新邨,精英卫星城"。

文案点评:天誉华庭广告文案解析

"伊顿十八,居优越之上",天誉华庭·伊顿十八为迎合高素质的白领阶层追求高尚生活、崇尚典雅风格的特点,开发初期以"优越"作为楼盘的核心概念反复加强,再配合配套设施在风格上的独特设计。这一有针对性的精确定位对于向往西式优越生活的小资们来说,的确产生了巨大的杀伤力。

❷ 方式2. 体现人文关怀

爱与关怀是人类感情的基础,最能引起人们的共鸣,于是房地产广告文案营造一个温情脉脉的氛围,使消费者身临其境,与心灵对话。

(1)营造家的氛围

人类在不断追求新生活的同时,始终存有一份原始而温馨的情绪——对家的眷念。

文案点评:

"家庭,温馨聚海景(海景花园)";

"爱家的男人住百合(保利百合)"一句话抓住了两性的心理。

男人象征野性,习惯于四处奔跑。这在很多女人看来难免就是忽略了家庭。可能在职场上日夜拼搏,日进斗金,但是对家庭和子女亲人的照顾确实欠缺。女性对男人的这个状态会心生 "恨"意。而保利百合的这句广告词,刚好契合了新时代女性的心理需求和审美标准。在她们看来,百合象征着稳固缠绵、纯洁无瑕的感情,而这句广告语能暗示出找一个自己心爱的男人,买一套保利百合的房子的寓意。 "百合"牌的房子具有笼络男人的心的一面,期望对方一生一世地爱家,爱自己;而另一个意义是针对男人,因为这个概念,而买一套房子给妻子儿女,也是事业型男人情感的一种体现和倾诉。

(2)以怀旧、乡愁为切入点

每一个年龄段的人都有自己的情感易燃点。这个易燃点和该年龄段人群的某些具体的生活、情感或内心的某种情愫有关。

广告示例：

"70 年代家园"；

"重庆老乡，在重庆，您想有个温馨的家吗？（临江广场）"；

"上江城——溯江而上，回忆之城"；

"新锐——70 年代家园（新锐地带）"。

新锐地带广告词的经典之处，取决于发展商对该楼盘销售目标的精确定位——生于 20 世纪 70 年代的年轻白领。广告语这种明确定位为 70 年代生人的广告语，看似孤注一掷的冲动，却是深思熟虑的成果。可谓兵行险道，险中求胜。虽然在一定程度上区隔了相当一部分非 70 年代的人群，但也团结了一"帮"人。这"帮"人有的出生于"文革"末期，有的生于改革开放初期，但对"文革"都有一个依稀的历史记忆。他们内心压抑但又渴望爆发，面临着中老年人和八九十年代的人的思想夹击，真是无处可逃。还好，有这一个专门为 70 年代人量身定做的家园，大家可以互相安慰。所以，70 年代人所特有的欲望和嗜好都可以在这里发泄和展示。该广告如此明确地指明了销售对象，从一开始就似乎放弃了其他年龄阶层的潜在客户，却换来年轻白领们对其强烈的归属感。

❸ 方式 3. 关注人的生活方式

现在的广告从产品出发的浅度沟通广告发展到从消费者心智出发的深度沟通广告，是广告界的进步，体现在房地产广告上是越来越多地关照消费者追求自然、浪漫、心情释放、享受悠闲、品味幽默、满足好奇心的心理，圆现代人的逍遥梦，关注人们的生活方式和生活形态。

（1）享受生活情趣

广告示例：

"波尔多庄园——生活就在不远处"；

"东方新世界——凝聚梦想的传奇"；

"旭景家园，在这座花园的家，总有花样的心情"；

棕榈园：日子缓缓，心散散！

文案点评：亦庄小独栋"亲爱的Villa"的开篇系列报纸广告

标题：换一种形态生活，亦庄小独栋，亲爱的Villa

正文：在去CBD的路上，请抓紧有限的十分钟，吻她一下，轻轻地说："这一天我都会想你的！"请习惯于用这种方式表达你的感情，生活会从此不同！广告一反通常的别墅广告产品图文的作法，而是创意了一种新的"生活情节"，如"飞机篇"、"钱包篇"等。"亲爱的Villa"强调的就是一种家的氛围，极力营造出一种爱意浓浓的情境，目的只是让拘于情感表达的国人，善于将自己的爱说出来，换一种形态生活，让人们于感动中找到与"亲爱的Villa"的沟通点，从而将自己融入到"亲爱的Villa"所包容的生活中去。

（2）张扬前卫、叛逆、自我等个性

现代人标榜自己需要一种方式，这种表现形式大多被运用于小户型的房产广告中。

广告示例：

"爱情易碎，买房万岁"；

"天骏花园 我创造，我享受"；

"时代玫瑰园——新解构生活"；

"蝶舞轩，生活由我定义（我的生活，必须刺激）"。

文案点评：康桥365广告文案分析

"康桥365，为自己而存在的地方"。有人说，女人没有家是一个可怜的小动物，随处漂泊。如果有了一个房子，不用很大，也不用怎么奢华，只要温馨别致，就算没有男人也能获得相当的安全感。她们可以住在里面梳理自己的心事，翻弄一些陈旧的记忆。有房住，有钱花，不用为衣食住行而发愁，家里养几只小猫小狗，打发没有男人的无聊生活，这是小女人的典型生活方式。康桥365的目的，就是为那些单身女子创造生活空间，让她们在一年365天里，天天充分获得安全感，做个快乐的小女人。

第四节 杂志广告营销

杂志主要分为两类,一类是面向大众的消费者杂志,一类是面向特定阶层的专业性杂志。杂志广告一般是房地产广告针对特定的顾客群体而选用的媒体。例如,高档楼盘往往选用航空杂志,其读者——飞机乘客可能是高档楼盘潜在的顾客。

杂志广告传播优劣势分析

表 3-10 杂志传播信息的优势和弱点

优缺点	特点	具体内容
优点	时效性长	杂志阅读有效时间较长,可重复阅读,它在相当一段时间内具有保留价值,因而在某种程度上扩大和深化了广告的传播效果
	针对性强	每种杂志都有自己的特定读者群,传播者可以面对明确的目标公众制定传播策略,做到"对症下药"
	印刷精美,表现力强	设计、印刷精美,重视觉表现力,能够把楼盘整体和精致细节用唯美的设计表现出来,容易吸引读者
缺点	出版周期长	杂志的出版周期大都在一个月以上,因而即效性强的广告信息不宜在杂志媒体上刊登
	声势小	杂志媒体无法像报纸和电视那样造成铺天盖地般的宣传效果
	理解能力受限	像报纸一样,杂志不如广播电视那么形象、生动、直观和口语化,特别是在文化水平低的读者群中,传播的效果受到制约

杂志各版面广告文案撰写要点

杂志广告主要有以下 6 种类型：

①封面、封底；

②封二、目录对页、封三；

③内页各制式广告（全页、半页、1/4 页、跨页、折页、多页等）；

④较小版面的分类广告；

⑤企业冠名专栏；

⑥软文打包服务。

▶ 封面广告文案撰写要点

封面的广告文案只能以品牌或广告名称，以及简洁凝练的广告语形式出现。

▶ 封底广告文案撰写要点

封底与封面同样重要，也应以图形为主，文案为辅。文案的语言应淡化专业性，更接近于大众化。

▶ 封二、封三、扉页、底扉的广告文案撰写要点

封二、封三、扉页、底扉的广告文案，适于平面广告的各种文体、表现形式和表现手段，均可针对特定目标受众运用于文案写作。

▶ 内页各制式广告文案撰写要点

①着重突出画面的视觉冲击力，文案以点睛之笔升华主题；

②图文结合，充分发挥文图并茂的视觉效果；

③大标题，详文案，以杰出的创意和理性诉求抓住受众的注意力；

④各种较小版面的分类广告，主要以引人注目的标题脱颖而出。

杂志各版面广告注意度

杂志广告一般分为封底、封二、封三、封面和内页几种。不同版面位置的广告注意度差异很大。广告对读者注意度最大的投放位置为封面,封底次之,再次为封二、封三和扉页,再后为内页,内页文前后的小广告和补白广告为最次。如果把杂志广告注意度最高列为100,则各版面注意度见下表。

表 3-11 杂志广告各版面的注意度

版面	注意度
封面	100
封底	95
封二	90
封三	85
扉页	80
底扉	75
正中内页	75
内页局部	30～50
内页补白	10～20

第四章
FOUR

户外媒体广告投放策略

凡是能在露天或公共场合通过广告形式同时向众多消费者诉求,以达到推销商品目的的都可称为户外广告媒体。

第一节
户外媒体广告媒体特性

户外媒体广告的主要优点是面积大、色彩鲜艳、设计新颖、具有形象生动、简单明快等特点。

首先，户外广告形象突出，容易吸引行人的注意力，并且容易记忆；

其次，户外广告多是不经意间给受众以视觉刺激，不具有强迫性，信息容易被认知和接受；

第三，户外广告一般发布的期限较长，面向区域型受众能造成印象的累积效果。

户外广告的 8 种类型

户外广告有以下 8 种类型。

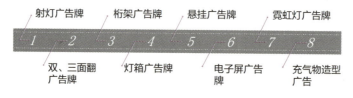

图 4-1　户外广告的 8 种类型

▶ 1 射灯广告牌

俗称外打光广告牌，即在户外广告画面的上面或下面装有射灯或其他照明装备的广告牌，称为射灯广告牌。其特点是美观，晚上照明效果极佳，能清晰地看到广告信息。

射灯广告的形式包括：立柱广告、墙体（楼顶）广告、围墙广告等。

第一节 | 户外媒体广告媒体特性

（1）单立柱广告牌

俗称高炮广告，广告牌置于特设单根支撑柱上，以立柱式 T 型或 P 型为多。广告装置设立于高速公路、主要交通干道等地方，面向密集的车流和人流。普通使用的尺寸为 6 米高 ×18 米阔，主要以射灯作照明装备。

图 4-2　高炮广告

（2）多立柱广告牌

多立柱广告牌由两根或多根钢管立柱为支撑，以镀锌板为底板而装喷绘，一般配射灯作照明装备。

（3）墙体（楼顶）广告

在建筑物外墙面或楼顶发布的户外广告，多发布于大型商场、超市的外墙体或建筑物顶部。

（4）围墙广告

在建筑物院落的围墙上发布的户外广告，利用墙面做大型的户外喷绘或其他广告形式。这类广告大多出现在地产项目的围墙。

▶ 2 双、三面翻广告牌

双面翻是将广告牌在竖直方向切割成许多条，通过正反翻转实现画面的定时展示。三面翻是户外广告装置中较昂贵的一种。这种装置带有三面棱柱，广告画面内容使用喷绘、电脑写真或户外彩色即时贴等材质，适用于户内及户外环境。当这些棱柱转动时，可组成三幅不同的广告画面。

图 4-3　双面翻广告牌

图 4-4　三面翻广告牌

▶ 桁架广告牌

以桁架做支撑框架，用扎带或广告绳将喷绘画面固定在桁架上，其特点是安装拆卸方便，可移动使用，一般应用于展会或广告活动现场宣传。

图 4-5　桁架广告牌

▶ 灯箱广告牌

内发光式广告牌，即在广告箱体内设置照明装置，一般用做店面招牌，也可用做其他广告，形式包括：大型灯箱广告，吸塑灯箱广告等。

（1）大型灯箱广告牌

置于建筑物外墙、楼顶或裙楼等广告位置。白天是彩色广告牌，晚上亮灯则成为内打灯的灯箱广告。灯箱广告照明效果较佳，但维修却比射灯广告牌困难，且所用灯管容易耗损，一般用作候车亭，尤其适合地铁沿线。

图 4-6　大型灯箱广告

（2）吸塑灯箱广告

吸塑灯箱采用立体发光字加工技术。以亚克力为面材，其制品具有透光性好、远视效果清晰、抗压强度高、十几年不褪色等优点，是目前主流的灯箱广告形式。但相比较而言，其价格昂贵，且易受亚克力规格限制，所以一般适用于小面积制作。

▶ 悬挂广告牌

设置于饭店门前、公路两侧、电线杆上，制作成小型灯箱广告、路旗（招风旗）等广告形式。这种广告形式具有制作方便、直接、信息传播广等优点，但是广告面积较小。将旗帜悬挂于街道两旁的灯柱上，又称路旗广告，亦属于悬挂广告的一种。通常广告主在举办大型活动或是一个促销周期时，往往运用路旗广告营造热烈的气氛，扩大企业

图 4-7　悬挂广告

标识的活动主题，增加曝光率。

⑥ 电子屏广告牌

电子屏广告包含所有电子类户外广告媒体，是户外广告比较新颖的表现形式，常见于现代都市。用电脑控制，将广告图文或电视广告片输入程序，轮番地在画面上显示色彩纷呈的图形和文字，能在较短的时间里展示多个不同厂家、不同牌号的商品，具有动感、多变、新颖别致、反复播放等特点，能引起受众的极大兴趣。

相对于传统的户外广告大牌，LED 大屏幕广告可播放表现力更为突出的动态视频，具备以下 3 个优势。

图 4-8　电子屏广告的 3 优势

优势 1. 广告形式新颖，受众较广

LED 显示屏被广泛用于人流量多的公共场所、交通要道，以直观、形象、生动的广告形式吸引行人的主动关注，受众范围广泛，比起传统媒体更具有观赏性，受到广大人民群众的肯定和喜爱。

优势 2. 视觉冲击力强

户外 LED 大屏幕突破传统的静态画面广告形式，以文字、动态视频、二维、三维、动画等丰富的画面形式，与优雅清脆的声音相结合，展现出一种全新的视听觉盛宴。

优势 3. 发布过程简便，更新速度快

LED 显示屏其实就是一个电脑的显示器，通过数据线方式或无线通信方式与电脑连接，

只要在电脑中进行简单设置，就可以用来发布广告内容，既方便又快速。

另外，广告发布者随时都可以更新 LED 显示屏的内容，更新方式就是在电脑主机上更换广告程序或者变更部分文字，更新过程不受其他外部条件的限制。

▶ 霓虹灯广告牌

由霓虹灯管弯曲成文字或图案，配上不同颜色的霓虹管制成，更可配合电子控制的闪动形式增加动感，夜间效果视觉冲击力强。

▶ 充气物造型广告

充气物造型广告多用于产品的促销及宣传，可分为长期型和临时型，在展览场地、大型集会、公关活动、体育活动等户外场所都可运用。由于造型物一般都较实物庞大，设计独特，颜色绚丽，对受众具有一种强烈的感召力。

户外广告的 10 种发布形式

房地产户外广告有以下 10 种发布形式。

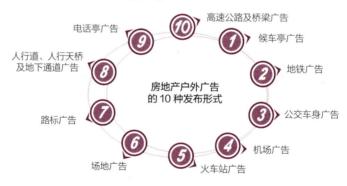

图 4-9　房地产户外广告的 10 种发布形式

▶ 候车亭广告

设置于公共汽车候车亭的户外媒体，以灯箱为主要表现形式。在这类媒体上安排的广告以大众消费品为主，可以单独或网络式购买多个站亭广告位以达到较宽覆盖率甚至覆盖多个城市。

候车亭广告有以下 5 个优势。

图 4-10　候车亭广告的 5 个优势

优势 1. 户外广告的独特性

公交站牌广告，具有独特的户外广告特点。车站站牌广告与候车亭广告成为市区要道两侧户外广告重要媒体，在广告传播上具有显著位置。

优势 2. 受众人数广

车站站台设置在城区交通要道车站，处在繁华地区，候车人员众多。在这些公交车站，候车人员、乘车人员、步行人员、骑自行车人员、驾车人员均可看到在其上面发布的广告，具有受众面广的优势。

优势 3. 传播效果好

车站灯箱广告，一般图文并茂，能详细发布广告产品的信息，加之站牌为固定性载体，候车人员或路过人员可以具体详细了解广告内容，使广告收到较好的宣传效果。

优势 4. 反复诉求性好

公共交通工具的乘坐者一般比较固定，如搭乘公交车上班的乘客，几乎每天都乘坐同一辆公交车。据交通广告协会在某巴士公司所作的长期研究，发现该巴士的男女性乘客，平均一个月内看过同一则交通广告的次数，分别达 43 次和 34 次之多。

优势 5. 传播时间长

站台灯箱广告可全天 24 小时传播，这一点是其他广告媒体不能相提并论的。

❷ 地铁广告

在地铁范围内设置的各种广告统称地铁广告。其形式有十二封灯箱、四封通道海报、特殊位灯箱、扶梯、车厢内海报等。其特点是人流集中，受注目程度高，能够增加产品的认知度。可单独或网络式购买。

❸ 公交车身广告

公交车属于移动媒体，表现形式为全车身彩绘及车身两侧横幅挂板等。其特点是接触面广，覆盖率高，可对应目标受众对象来选择路线或地区，可以单独或网络购买形式发布。

❹ 机场广告

设置在机场周围和机场内部的广告牌，一般针对层次及收入比较高的受众，如公干及出外旅游人士。

❺ 火车站广告

设置在火车站范围内的广告形式，以来往各地旅客为主要目标对象。特点是人流量高及可覆盖临近区域。其广告形式有灯箱、电子屏幕、射灯广告牌、三面翻等。

❻ 场地广告

场地广告可说是电视时代的产物，主要设置于体育场馆内比赛场地周围以及大型集会活动场地。场地广告实际是通过现场观众和电视转播两种途径传递信息。随着电视直播大型节目益日备受瞩目，场地广告效益已大为提高。

❼ 路标广告

公共设施（如地铁站）或商店位置的标牌，可同时预留位置做广告推广。

❽ 人行道、人行天桥及地下通道广告

设立在人行道两旁的广告牌，可以使经过的行人清楚地看到广告信息。

⑨ 电话亭广告

电话亭一般设于人流密集区或公共场所，路人接触的概率很高，但需经常保养及保持清洁，以保证广告效果。电话亭广告目前多以通讯、饮料食品、电器等广告为主，不同地区的电话亭，广告形式及尺寸亦各有不同。

⑩ 高速公路及桥梁广告

设置在高速公路或桥梁两边的醒目位置，一般以单立柱广告的形式出现。这种广告具有以下 3 个优势。

图 4-11　高速公路及桥梁广告的 3 个优势

优势 1. 传播的接近性

户外大牌广告的灵活性较强。广告主可以按实际需要来选择大牌广告的具体地域，自主性大。户外广告媒体一般选择在繁华区、主要街区和社区等人流集中的地段，对目标受众可达到高频率暴露的效果。

优势 2. 传播的持久性

户外广告媒体的使用周期一般以半年或一年计算。一幅户外广告作品完成后在其有效期内持续不断地传播广告信息，不断增强和扩大广告发布的知名度和到达率。

优势 3. 传播的直观性

户外大牌广告独具创意的视觉符号拉近了受众与广告作品的距离，另一方面，其媒体视觉冲击力较强，增强了广告信息的直观性表达。

户外广告设计的 4 个要点

房地产户外广告设计有以下 4 个要点。

图 4-12　户外广告设计的 4 个要点

1 设计独特引人注意

广告成功的基础来自注视的接触效果。因此，户外广告要着重创造良好的注视效果。户外广告的对象是动态中的行人。行人通过可视广告形象来接受商品信息。设计首先要根据距离、视角、环境三因素来确定广告的位置、大小。

在空旷的大广场和马路的人行道上，受众在 10 米以外的距离，看高于头部 5 米的物体比较方便。常见的户外广告一般为长方形、方形，在设计时要根据具体环境而定，使户外广告外形与背景协调，产生视觉美感。形状不必强求统一，可以多样化，大小也应根据实际空间的大小与环境情况而定。如，意大利的路牌都不是很大，这与其古老的街道相统一，十分协调。

2 设计应具有提示作用

户外广告设计要注重提示性，图文并茂，以图像为主导，文字为辅助，使用文字要简单明快切忌冗长。既然受众是流动着的行人，那么，在设计中就要考虑到受众经过广告的位置、时间。繁琐的画面，行人不愿意接受，只有出奇制胜地以简洁的画面和揭示性的形式引起行人注意，才能吸引受众观看广告。

3 广告简洁大方

简洁性是户外广告设计中的一个重要原则，整个画面乃至整个设施都应尽可能简洁。设计时要独具匠心，始终坚持在少而精的原则下去冥思苦想，力图给观众留有充分的想象余地。要知道，消费者对广告宣传的注意值与画面上信息量的多少成反比。画面形象越繁杂，给观众的感觉越紊乱；画面越单纯，消费者注意值也就越高。

4 要有计划性

成功的户外广告必须同其他广告一样有其严密的计划。广告设计者没有一定的目标和广告战略，广告设计便失去了指导方向。设计者在进行广告创意时，首先要进行一番市场调查、分析、预测的活动，在此基础上制定出广告的图形、语言、色彩、对象、宣传层面和营销战略。广告一经发布于社会，不仅会在经济上起到先导作用，同时也会作用于意识领域，对现实生活起到潜移默化的作用。

户外广告投放的 6 个技巧

许多开发商虽然十分重视户外广告，但在诸如预定、制作、组合资源上还不够注意。户外广告作为一项投入大、周期长、不易更改的宣传方式，开发商们需要掌握以下 6 个投放技巧，以实现项目推广的最佳预期效果。

图 4-13　户外广告投放的 6 个技巧

▶ 技巧 1. 根据项目定位与消费者特征选择

户外广告投放不应只以价格高低来决定投放地点、推测投放效果，应根据项目本身的定位和消费群特征，有针对性地选择。

▶ 技巧 2. 广告发布提前预订

各类广告媒体都会提前做好广告客户的广告发布排期计划。户外大牌广告应提前 3～6 个月预订。否则，仅在入市、预售、开盘等重要节点前做投放计划，就很难保证可以预订到户外广告。

▶ 技巧 3. 实地勘察广告位置及周边环境

户外广告花费巨大。企业在预定前，一定要协同户外广告公司前往现场，实地勘察位置及周边环境以准确地评估广告效果。

▶ 技巧 4. 制定投放计划

咨询专业户外公司，依据企业定制投放计划，可将全年投放与季度投放结合，也可将全城覆盖或区域性覆盖结合。

▶ 技巧 5. 组合式投放获取最大性价比

户外大牌投放可和公交站台、灯箱等其他户外投放结合。通过组合式投放，不但效果更佳，开发商也将得到最大性价比的广告回报。

▶ 技巧 6. 时常检查并及时更换

户外广告设计完成后，一定需要审核广告小样，尽量减少色差，达到预期理想的色彩。户外广告日晒雨淋容易损坏，企业广告维护人员还需时常检查并及时更换，以免影响企业形象。

第一节 户外媒体广告媒体特性

成都户外媒体投放点确定的分析报告

一、覆盖成都全域的户外广告三大集散中心

中心1. 省体育馆（人民南路四段与一环路交汇处）

市场报价：约200万～400万元/年，整体均价较高。

投放建议：城南项目投放首选、居住/商务/商业的中高端项目、中高端小户型。

表4-1 省体育馆户外媒体投放优缺点分析

优 点	缺 点
①此处可谓是不折不扣的人南沿线交通枢纽，也是市区通往国际城南的必经主干道，十分利于营造地产项目高端形象； ②人流量、车流量极大，广告的覆盖面广；无论人、车，行至此处均视野开阔，广告视觉效果良好； ③广告类别不是地产类就是数码类，二者广告品质都较高，且易区分、易辨识； ④途经此处的受众群较高端、固定，容易反复接受信息	此处为快速通道，受众停留时间少

中心2. 机场（机场高速路沿线与机场广场）

市场报价：约85万～450万元/年，由于具体点位不同，故价格差异较大。

投放建议：别墅、高端项目、高端投资型产品、度假型产品、企业形象宣传。推荐投放点为机场收费站落地户外大牌（多为高端地产及高档汽车）、候机大厅右侧三块单立柱大牌（长期为高端别墅盘）。

表4-2 机场户外媒体投放优缺点分析

优 点	缺 点
①机场沿线是公认的高端宣传渠道，此处投放可辐射来往机场的旅行、商务、度假等高端人群；同时，对机场路沿线的汽车4S店人群有一定宣传作用； ②沿途开阔，无高层建筑，视野空旷，利于广告信息的传播； ③覆盖率广，是成都市区内唯一具有全国传播力的户外广告投放地	①机场高速沿线的户外广告牌过于散落，其地理位置、大小等优劣差异大；如若选择投放，最好实地勘察后再做决定； ②机场候机广场内户外广告牌众多，若非占据显要位置，容易被忽略； ③来往受众间隔时间长，不适宜做短期信息告知，适宜做长期宣传

中心3. 盐市口（蜀都大道与顺城大街交汇处）

第四章 | 户外媒体广告投放策略

市场报价：约70万~280万元/年，最高一块达520万元。

投放建议：主城区及华阳、温江等地的宜居大盘、中低端投资型产品、小户型、近郊大盘。

表4-3 盐市口户外媒体投放优缺点分析

优点	缺点
①该处为成都市区内传统商业中心，来往人流量、车流量巨大； ②除消费人群外，众多聚集于此的中、小商家，属于有消费力的固定受众群体； ③该区域对外地客群有辐射力，广告覆盖率广	①商圈中多为中低端商业，缺乏高端受众； ②广告大牌虽数量较多，但掺杂消费品、医疗、汽车等众多内容，广告环境较为杂乱，难以树立地产项目的高端形象

二、成都户外信息一览表

表4-4 盐市口区域户外信息

媒体点位	价格（万元/年）	喷绘尺寸（米）	照明情况
盐市口明都大厦A	266	14.85×17.55	有
盐市口明都大厦B	255	10.75×17.57	有
盐市口明都大厦B	175	14.47×17.57	有
财富中心广场大业路商场入口	280	13.2×16.7	14盏上下打灯
财富中心广场大业路观光电梯	58	4.725×24.4	无
财富中心广场锦兴路写字楼墙面	98	16.2×8.2	16盏上下打灯
财富中心广场锦兴路观光电梯	45	7.95×25.22	3盏上打灯
财富中心广场锦兴路王子外墙	80	27.4×4.6	18盏下打灯
盐市口金属大厦	420	27.8×9.7	30盏上下打灯
盐市口益华大厦墙面	260	11.8×17.3	有
盐市口茂业百货楼面（南面）	210	11.7×16.7	6盏上打灯
盐市口茂业百货楼面（东面）	240	14.5×17	4盏下打灯
盐市口茂业百货楼面（东北面）	520	15.5×21.9+7.5×21.9	4+1盏下打灯
成都市盐市口西南影都楼顶	30秒 16万元/周	—	有

表 4-5　市中心区域户外信息

媒体点位	价格（万元/年）	喷绘尺寸（米）	照明情况
蜀都大道王府井百货幕墙（西面）	347（制作费7.8万另算）	19.33×31.74	有
蜀都大道王府井百货裙楼（东面）	92	9.287×25.805	有
蜀都大道王府井百货周边落地灯箱（总府路段）8座		1.6×2.5×2面	有
蜀都大道王府井百货周边落地灯箱（华兴街、福兴街路段）8座		1.6×2.5×2面	有
罗曼大酒店	111	24×8	12盏上打灯
索玛花酒店	185	29×7	16盏上打灯
四川电影院	139	27.2×6.7	有
新南门大统宾馆	98	（3.8+9.6+4.5）×10.2	8盏上打灯
民贸大厦A（顺城大街面）	180	15×23.8	有
民贸大厦B（顺城大街与西玉龙街交汇处）	190	14.4×23.6	有

表 4-6　城南区域户外信息

媒体点位	价格（万元/年）	喷绘尺寸（米）	照明情况
二环路南三段紫荆电影院墙面	66	12.7×9.2	8盏上打灯
人民南路信息港墙面（进城面）A	230	（14.35+7+10.05）×9.58	32盏上下打灯
人民南路信息港墙面（出城面）B	270	（10+6.9+14.6）×9.75	32盏上下打灯
武候大道与川藏路交汇处	55	（16.05+6+18.38）×8.18	27盏上打灯
南延线成都至华阳左侧（怡丰新城）	70	21×7×2面	16盏下打灯

表 4-7　城西区域户外信息

媒体点位	价格（万元/年）	喷绘尺寸（米）	照明情况
清江东路（福合禧）	80	12×15	12盏上下打灯
同福茶楼（武候大道与青羊大道交汇处）	95	12.8×17.6	20盏上下打灯

续表

媒体点位	价格（万元/年）	喷绘尺寸（米）	照明情况
红牌楼商业电器城 A1（高升桥路面）	80	（4.9+35）×6.5	有
红牌楼商业电器城 A2（高升桥路与二环路交汇处面）	116	（25.2+4.4+8.1）×6.5	有
红牌楼商业电器城 B（二环路面）	165	（12.95+66.3+13）×6.5	有
国信广场	116	（28+12）×5	有
光华大道元佳大厦	120	15.5×11.7	20盏上下打灯

表 4-8　城东区域户外信息

媒体点位	价格（万元/年）	喷绘尺寸（米）	照明情况
建业大厦	130	8.8×18.3	12盏上下打灯
东大街泰华服装批发城东墙面 A	70	24.3×11.4	15盏上打灯
东大街泰华服装批发城东北墙面 B	190	17.9×18.8	6盏上打灯
东大街泰华服装批发城北墙面 C	260	45.7×11.9	8盏上打灯
一环路东三段 31 号四川工人日报墙面	80	（7.8+15.5）×15.5	12盏上打灯
5.72 千米（蜀龙路）	45	60×3.6×2面	无

表 4-9　城北区域户外信息

媒体点位	价格（万元/年）	喷绘尺寸（米）	照明情况
二环路北三段华铁招待所	65	7.62×13.48	6盏上下打灯
长久机电城 A1+A2(4栋)	33	44.71×6.5	有
长久机电城 A3+A4+A5	35	39.42×6.5	有
长久机电城 B1+B2+B3+B4（1幢）	55	56.13×6.5	27盏上打灯
长久机电城 B5+B6	75	40.71×6.5	有
长久机电城 C（2幢）	26	29×6.5	有
长久机电城 D1+D2（3幢）	21	31.4×6.5	有
长久机电城 E1+E2（7幢）	21	31.21×6.5	有
长久机电城 F1+F2（8幢）	15	28.71×6.5	有
长久机电城 G1+G2（9幢）	32	36.71×6.5 G2：（7+5.3+5.7）×6.5	有
长久机电城 G3+G4+G5+G6	32	54.13×6.5	有

地铁广告投放分析

地铁已经不仅仅是一个城市常规的公共交通,更是一个将经济、生活与信息紧密结合的庞大网络。快速、便利、高覆盖率、高客流量的显著优势是它成为城市信息传达重要载体的主要原因。

地铁广告的 3 个特点

在以追求视觉为快感的读图时代,地铁广告具有了传播信息具象化、直观化优点。它所处理的广告投放方式在传播理念、传播方式和传播内容上有自己的独到之处,还有宽广的多元化媒介表现方式,这些因素决定了地铁广告开始迅速受到商家青睐。

熟知地铁广告的主要特点,是商家决定制作内容和广告发布形式的重要依据。具体来说,地铁广告的特点是:环境比较封闭、目标受众相对稳定、媒体形式多样化。

图 4-14　地铁广告的 3 个特点

 特点 1. 环境相对封闭

人们进入地铁之后,就进入了一个相对封闭的环境当中。等车的时候,目光会被月台上的灯箱广告所吸引;开车后,由于空间狭小和无事可做,车厢内的海报和多媒体便能吸引人们去阅读。因此,地铁拥有相对其他户外广告更高的关注度,自然有更高的关注率。

特点 2. 目标受众相对稳定

相对于路牌等户外广告媒介，地铁广告的受众则相对固定得多。地铁媒体所覆盖的主流群体为城市白领阶层。这一阶层生活节奏快、重时尚、讲究品位、看重个性体现，其消费实力处于全社会中等及偏上水平。因此，适合白领阶层消费的产品与商业服务在地铁广告媒体领域具备广阔的发展空间。

图 4-15 地铁媒体覆盖的主流群体特征

特点 3. 媒体形式多样

地铁广告打破了一般的户外广告许多时候以平面广告为主的格局。它将平面广告、电视广告、广播广告和报纸广告等有机整合在一起，可以通过多种形式刺激目标受众的感官，将各种信息更有效、迅速地传达出去。

地铁广告的 6 种投放形式

地铁广告依照广告的发布位置，可分为如下 6 种形式。根据地铁的特点和广告受众的特点选择适当的地铁广告形式，才能有效提高地铁广告的效果。

图 4-16 地铁广告的 6 种投放形式

▶ 形式 1. 车厢内海报

地铁的车厢内已经形成了独特的广告环境。乘客在行程内，完全置身其中，可全程接受广告信息。这种广告形式可单独使用，也可与其他形式相组合，以达到全程覆盖的效果。

▶ 形式 2. 通道海报

位于地铁站通道内，是乘客的必经之路，与目标受众直接接触，最适合于产品短期促销，是加强广告信息展示频次的最佳选择。

▶ 形式 3. 通道灯箱

位于地铁各站通道内，除具备海报的优势外，其超薄的灯箱外形、高品位的媒体形象帮助品牌提升美誉，有效提高过往乘客的消费欲望。

▶ 形式 4. 扶梯侧墙海报

位于电梯侧墙，直接面对出入口上下楼梯的乘客，价格便宜，是理想的促销媒体。整条扶梯使用可以展示一系列产品，或者以一式多样的广告画面创造强烈的视觉效果。

▶ 形式 5. 月台灯箱长廊

这是最具创意性的投放形式。地铁广告创意广告主买断地铁轨道一侧的全部灯箱创造独家展示的强势氛围，其产生的震撼效果与尊贵的地位无与伦比。一般在地铁里投放轨道一侧灯箱广告多半为房地产企业新项目、商业地产中的购物中心、麦当劳、肯德基等全球著名快速消费连锁店、居于时代前沿的 IT 产品等类型企业。

▶ 形式 6. 大型墙贴

通常投放于地铁人流量最大的站点。其展示面积巨大、形式独一、视觉冲击力极强、有非常丰富的创意延伸空间，既适合知名品牌维护与提升其大品牌形象，也是新品上市最佳的轰动型与爆破型广告形式。

第三节 公交车身广告营销详解

公交车是城市里最重要的交通工具之一,每天十几个小时地重复沿着固定路线往返,在将数百万乘客送到城市每一个角落的同时,也将广告每时、每刻、每天、每月重复展现于人们眼前。中国人口众多,尤其是大中型城市人口更加密集,决定了公共交通的重要性和未来的发达程度。同时,也给公交车身广告的发展,提供了绝无仅有的上升空间。

车身广告的 7 个优势

公交广告具有生动完美的视觉形象、深刻持久的传播效果、强烈的现代感和不可抗拒的视觉冲击力,是一种极具号召力和影响力的区域性广告媒体。在媒体形式越来越多元化的今天,越来越多的广告主频频选择车身作为发布广告的媒体。

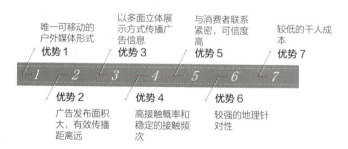

图 4-17 公交车身广告的 7 个优势

▶ 优势 1. 唯一可移动的户外媒体形式

相对于其他的户外媒体形式,车身广告的传播方式是主动出现在受众的视野之中,在传播方式上最为积极、主动。从人的注意力角度讲,移动的物体总是比较能被注意到。

因此，唯一可以移动的车身媒体同样也更能在众多户外媒体中脱颖而出，得到更多的注意，实现了广告的高到达率。

❷ 优势 2. 广告发布面积大，有效传播距离远

画面展示面积是广告信息有效传播的决定条件，庞大的广告画面可以带来强大的视觉冲击效果。单层车上面积大于 30 平方米，双层车更超过 70 平方米，堪称移动的巨型广告牌。在实地测量中，车身广告最大有效可视距离达到 70～75 米，双层车甚至达到 100 米，形成范围广阔的有效可视区域。纵然相距 60 米以上，较大的广告画面仍能保证信息清晰可见（如站在宽阔的 10 车道马路对面）。

❸ 优势 3. 以多面立体展示方式传播广告信息

车身广告的有效可视范围大于 270 度，基本上消除了视角盲区。通常情况下，受众可同时接触到两个广告位，有效确保了接触机会。车身两侧的展示位，面积巨大，广告画面展示充分。车尾展示区，配合两侧展示面构成展示整体，并大大延伸了广告的有效可视距离与角度。另外，车身广告的高度位置正好与行人视线持平，可以将广告信息近距离地传播给受众，达到最大的可视机会。

❹ 优势 4. 高接触概率和稳定的接触频次

随着公共交通网络的发展日益延伸扩张，公交车身广告成为了可见机会最大的户外广告媒体。公交车平均运营距离为 30 千米左右，以车身广告的实际可视范围计算，单车可覆盖面积平均为 0.5 平方千米，每天运行次数平均 7 次，日均接触人次 9.1 万余，若以 6 个月发布时间计算，有效 OTS（广告视听机会）可达到 1638 万人次。

❺ 优势 5. 与消费者联系紧密，可信度高

公交车广告的特点是：①公交车自身与市民生产生活息息相关；②车身广告是普通消费者除电视以外接触最多的广告媒体；③消费者乘公交车的频率很高，平均每月 20 次，16 个小时；④作为一种广告传播媒介，公交车广告渠道畅通，认可度高，宣传效果自然好。

图 4-18 公交车广告的特点

从实力媒体最新的调研结果来看：户外广告的提示后认知度以车身广告为最高，可达到 38%，其次是候车亭广告 23%，大牌广告 14%，地铁广告 9%。同时，有 81% 的人每周行走线路是固定的，并且每周平均经过固定路线 9.4 次，使用的交通工具仍以公交车为主。

▶ 优势 6. 较强的地理针对性

车身媒体的地理针对性体现在：

①可移动性。这个特点使之可以有针对性地靠近特定场所传播广告信息，达成广告目的。

②公交媒体线状交叉成为网络，覆盖城市各个区域。这让公交车广告拥有了广阔的广告覆盖范围，完整有效地接触目标人群。这个广阔的广告覆盖范围具体是指，比如高档产品、奢侈品可以有针对性的经过商务区、高档住宅小区；手机、IT 电脑类产品可以经过电脑手机大卖场；药品可以经过药房、医院；快速消费品可以经过大卖场、超市、便利店等。

投放公交车广告的时候要注意，在选择线路时，针对客户的产品可以适当选择线路经过商业区、商务区、主干道、特色街道、居民小区、高档住宅区、大学区等，最大限度地将广告信息传递给目标消费者。

▶ 优势 7. 较低的千人成本（CPM）

每天近千万人次的公交客流使公交广告成为拥有最大被迫受众群的广告媒体。其市场研究公司的统计数据表明：在全国主流媒体中，杂志的平均千人成本最高，为 20.8 元，其次是电视广告 20.64 元，报纸广告 10.28 元，电台广告 4.43 元，车身广告 1.19 元。所以，在所有媒体中，车身广告的平均千人成本最低，最具有竞争力。

车身广告的 4 个缺点

车体广告属于补充媒体，一般在组合媒体中使用，不应当作主力媒体发布。

图 4-19　车身广告的 4 个缺点

▶ 缺点 1. 广告受众群不明确

车体广告没有明确的目标人群，对于品牌的说明无明确的目标受众。

▶ 缺点 2. 广告效果很慢

车体广告的广告效果很慢，属于慢效媒体；广告画面固定，不适宜发布即时信息，灵活性差。

▶ 缺点 3. 画面颜色失真无法避免

画面颜色严重失真无法避免。另外，在交通事故中及画面损坏和下雨天与雪天，车体的表面很脏，难以及时清理等情况随时发生，严重影响企业、品牌、产品形象及美誉度。

▶ 缺点 4. 不适做全国推广

虽然千人成本低，但不适宜面向全国的产品推广宣传。面向全国的产品若发布车体广告，须多城市发布，且管理难度大，整体发布费用巨大（到目前为止，没有企业用车体广告发布面向全国的产品）。

车身广告投放的 3 个要点

车身广告能够帮助电视、电台、网络等空中媒体实现广告信息在各地域的落地工作。制作精美的公交车身广告,几乎牵动着沿途所有行人的视线,具有美化城市、营造城市现代化氛围的社会功能,能有效塑造企业形象和产品形象。

为达到预期的宣传效果,企业在制定广告投放方案时,应从自身产品的特点出发,选择最高效、最恰当的广告发布路线、发布时间及发布位置。

图 4-20 车身广告投放的 3 个要点

要点 1. 发布线路选择

很多企业在选择投放公交广告时,往往把大部分预算集中在市区的黄金线路,覆盖市区的商业商务中心、交通干道,以期覆盖尽可能多的人流与车流。

黄金线路虽然覆盖城市的人流集中区域,但价格相对较高,且覆盖的区域过于单一,对于城市生活区、运动休闲区等区域的覆盖明显不足。

因此,企业在选择投放公交线路时,需要根据不同产品的实际情况,选择有针对性的线路,让目标消费者有更多机会看到广告。

要点 2. 发布时期选择

按照产品上市与车身广告发布的时间差,可将发布时期分为提前发布和同期发布两种情况。

图 4-21 车身广告发布的时期选择

（1）提前发布

对于购买周期较长、单次购买投资大的消费品，如房地产等高值消费品，公交车身广告的投放可以采用提前发布，即在产品尚未正式上市之前就开始发布产品广告或通过广告对促销活动进行提前预告。这种策略有助于新品牌新品种进行市场预热，短期内冻结消费者购买其他品牌同类产品的决定，从而为新产品的推出营造良好的市场氛围。

（2）同期发布

对于已有一定的知名度和市场占有率的产品，公交广告的投放通常采用同步发布，即公交广告投放与相关广告活动同步开始。如在产品上市与电视广告同期发布，或在其促销活动开始的同时发布公交广告。这种策略可以借助媒体广告组合的放大效果，达到直接影响消费者采取购买行动的效果。

要点 3. 发布位置选择

公交车广告的发布位置有以下两种形式。

（1）两侧或车尾发布

广告发布面积小，发布价格低廉，适合诉求与品牌形象相关性较低的简单广告信息和促销等信息告知。同时，其广告覆盖面及发布量方面应做相应增加。

（2）全车发布

广告发布面积大，广告信息传播完整美观，视觉效果良好，适合主流品牌的营造及品牌维护推广工作，因发布费用相对较高，故在线路覆盖范围、发布量等方面会相应被减缩。

图 4-22　车身广告参考图

房地产互联网新媒体营销

互联网作为一种信息传播工具，最大的特点：一在于覆盖面广，并且可以说覆盖人群是全球性的；二是成本低、信息量大、传播速度快；三是使用方便快捷。特别是现在科技已经发展到消费者只用手机就可以完成信息浏览、产品筛选和款项支付，大大缩短了"买"和"卖"之间的成交时间。

房地产营销也必然要占领和使用好互联网这个新领域。

第一节

房地产传统化网络营销

互联网营销的时代轨迹大致经过了博客营销、论坛营销、电子邮件营销、搜索引擎营销、微博营销、微信营销等 6 大节点。

传统网络营销的特点

互联网时代被运用到营销中的方式多半为博客、论坛、电子邮件、专业网站、各种专属贴吧、搜索引擎等常见方式。主要方式也并非直接发产品介绍,发布公司新闻,而是通过时间的经营,获得影响力从而获得话语权,在此基础上寻找策略发布某个产品或服务,利用的是一种注意力经济,依靠的是在带来的潜移默化的时间过程中影响用户的购买决定。

1 房地产网络媒体各分类特点

表 5-1 房地产网络媒体各分类特点

分类	代表	形式	特点
房地产专业门户网站	搜房、新浪	通栏广告、文字链接、背投、弹出框、视频	直观的形象宣传、引发直接关注
专业网站寄生品	论坛、博客	业主、业内论坛 企业博客、个人博客	自主形成,自成规模 多方参与,较为真实
搜索引擎	百度、google	推广链接、关键字搜索、百度贴吧/知道/百科	企业或项目被动参与
资料下载类网站	悦读通、百度文库、豆瓣网	资料下载、分享	行业内使用性较高,专业性要求高

续表

分类	代表	形式	特点
网络衍生品	网易邮箱、腾讯QQ群	邮件群发、群聊、加关注	信息分享，即时互动性强；娱乐性较高，专业要求略低
自有网站	开发商/代理企业网站、企业网站	企业/项目宣传、产品介绍	以形象宣传产品介绍为主，商业目的较强
房产电商平台	搜房狂拍团、易居	团购、拍卖、秒杀	新兴渠道，目前话题功能强于自身的交易功能

房地产各网络媒体优势及传播效果分析

房地产网络营销逐渐成熟化，使得常规的专业门户网站广告宣传已无法打动消费者，无法引起其购买兴趣。伴随网络发展而生的一些互动类渠道影响日益加大，企业主动的网络营销逐渐弱化，消费者由原来的被动接受变成主动选择。

表5-2 房地产各网络媒体优势及传播效果分析

渠道	优势	效果
房地产专业门户网站、企业/项目自有网站	①能直接展示项目信息及形象；②对于消费者而言，仅仅是一种项目认知的渠道	①企业/项目形象展示；②提高认知度效果较好
搜索引擎、资料下载类网站	①提高网络点击率；②能较为详细地了解企业及项目信息，对于信息分享的渠道专业度要求较高	①增加曝光率；②企业/项目专业形象展示
专业网站寄生品、网络衍生品	消费者参与互动，对企业或项目进行动态的主动跟进，消费者兴趣增大	①互动效果好；②消费者主动参与，能直接影响最终的决策
房产电商平台	①直观的购买体验；②新兴渠道，发展不够成熟	目前的事件营销功能更强，有一定发展前景

博客营销的4个要点

企业进行博客营销主要有两大目标，提高关键词在搜索引擎的可见性和自然排名，以及通过有价值的内容影响顾客的购买决策。为达成这两项目标，企业在博客营销平台的创建、运营和推广的过程中，应注意以下四个要点：

图 5-1 博客营销的 4 个要点

要点 1. 在多个平台创建博客

俗话说得好，一个人的力量没有团队力量强大。博客也是一样，想要做到最好的推广效果就要在多个平台上创建博客。当然，博客平台的选择，还应具体结合平台的效益、企业的营销目的、行业特征、目标客户群来加以判断。数量和质量两相结合，才能保证在有限的时间内完成最有效的工作，达到投资回报的最大化。

对于企业来说，最合理的平台选择策略是：首先在各大博客平台上注册一个官方账号，而后选择其中一个平台来重点经营，其他平台保持同步更新，起到协同宣传的作用。如果目标客户活跃于腾讯平台，那应该注册一个官方 QQ，然后开通腾讯空间；如果客户主要在阿里巴巴，则应该以阿里博客为主要阵地。

要点 2. 定期更新或转载精品内容

博客平台搭建好之后，接下来就要求企业推广人员及时更新博客或转载精品内容。部分博主简单地认为，博客营销就是利用博客来做广告，于是直接把博客营销文章写成了干巴巴的产品说明书。这种做法自然得不到目标客户群的关注，起不到任何宣传效果。

博客营销文章的写作，要达到广而告知的目的，还需掌握一定的巧妙方法。

图 5-2 企业博文创作的 5 个技巧

（1）产品形象情节化

部分企业在宣传自己的产品时，总会喊一些口号，这样做虽然也能达到一定的效果，但始终难以使产品深入人心。因此，最好的方法，就是把对产品的赞美情节化，让人们通过感人的情节来感知、认知产品。

（2）产品发展演义化

博客营销文章要赋予产品以生命，从不同的角度、不同的层次来展示产品。可以以拟人的形式进行诉说，也可以写成童话故事，可以无厘头，也可以搞怪幽默。越有创意的写法，越能让读者耳目一新、记忆深刻。

（3）行业问题热点化

在博客文章写作过程中，要学会抓住行业的新热点，将产品功能与时下的热门问题相结合，才能引起广泛受众的关注，也才能在行业竞争中显示出自己产品的优势。

（4）产品博文系列化

这一点非常重要，博客营销并不是立竿见影的网络营销工具，它需要博主长时间的经营。在产品的博文写作中，应尽量将博文内容系列化、连载化，这样的博文才能引起客户群体的持续关注。

（5）博文字数精短化

博客不同于传统媒体的文章，既要论点明确论据充分，但又要短小耐读；既要情节丰富感人至深，又不能让读者花费太多时间。因此，一篇博文最好不要超过1000字，坚持短小精悍才是博客营销的重要法则。

▶ 要点 3. 巧妙利用多种方法推广博客

推广是一门艺术，如何推广是市场营销的一个研究方向。网络博客亦是如此。博客内容优秀、惹眼，但却没有浏览量和点击量，确实很让人尴尬。因此，博客营销要想达到预期效果，还须掌握以下四种推广方法。

图 5-3　企业博客推广的 4 种方法

（1）软文推广

定期发布一些原创性的热门文章，并带上电话号码及主营产品，一旦被推荐到门户网站的频道首页或者博客首页，就能够直接带来较大的流量。

（2）友链推广

多加入相关行业的博客圈，尤其是人气比较旺的博客圈，这样审核通过之后，博主就会对优秀文章进行推荐，自然点击率就会提升。

（3）评论推广

在其他博客的热点文章后面，发表自己的评论和独到的见解方式进行推广，能带链接的尽量把链接也带上。

（4）搜索引擎推广

使用当下流行的 SEO 推广方式，把企业博客打造成搜索引擎乐意推荐的博客，增加点击率。

▶ 要点 4. 坚持到底地去养博

坚持，就是坚持博客写作，博客是靠时间泡出来的，是长期积累的结果。一个企业偶尔发表几篇博客文章是不足以达到营销目的的。这是因为，博客营销要真正做到好的宣传效果，离不开搜索引擎的支持，而搜索引擎靠的正是关键词长时间的积累。

百度、谷歌、搜狐等知名的搜索引擎都有强大的博客检索功能。企业在博客里嵌入关键词，就能有效提高网页内容搜索引擎的可见性，继而为博客带来新的访问量，增加其在搜索引擎排名中的优势，持续不断地传播企业产品的相关信息。这似乎是博客营销者都明白的道理。然而，我们不能忘记，搜索引擎遵守的是"自然搜索"的原则，靠的是关键词的积累。这里就包含了两层涵义：一是关键词频繁地出现，二是关键词长期的积累。无论哪种涵义都与"坚持"的概念密不可分。

论坛营销的 3 个要点

地产论坛营销的工作是长期的，贯穿于房地产项目的整个周期，从项目的前期开盘到中期的销售，再到后期的业主入住都起到了重要的作用。

图 5-4　论坛营销的 3 个要点

▶ 要点 1. 由专业人员维护论坛工作

论坛的维护工作要由专业的人员完成，不失时机地在论坛中解答各种疑问，调节气氛，引导论题。论坛里的帖子是它的产品，帖子的专业性与可看性与否，关系到它的人气。即使有人气，还得看是哪些人给它产生的人气，就像一个推销员拜访客户，见到十个保安不如见到一个老板。如果连起码的人气没有，就更不用谈营销了。

▶ 要点 2. 项目开盘前期与客户建立和谐的邻里关系

项目开盘前期，安排专人在论坛上和客户很好地沟通，解答客户提出的各种问题，提高客户对项目的关注程度，建立良好的口碑。发展商在未开盘之前就与客户建立了一种和谐的邻里关系，同时还建立了发展商品牌的美誉度，为项目的成功开盘奠定了坚实基础。

要点 3. 开盘热销期及时调整和引导论坛帖

开盘热销阶段将产生第一批业主。业主间在论坛交流买房的经验、所选的户型、本项目的优缺点、销售客服人员的服务质量、甚至销售价格等诸多问题。与此同时,还会有更多的潜在客户在关注论坛。通过浏览目前居住在该小区业主在该版面的发帖,从而全面了解该盘的真实信息。这里不乏会有其他不良目的的帖子出现。及时的调整和引导工作不能忽视。必要时可通过法律途径处理。

电子邮件营销的 5 个要点

电子邮件的营销方式,如果使用得恰到好处,营销者便能立即与成千上万的潜在顾客或现有顾客建立起联系。

然而,盲目地推行电子邮件营销却存在着巨大的风险。用户会对收到的大量带有营销目的电子邮件产生反感。他们可能会将那些邮件删除掉,甚至直接投诉至邮箱服务提供商,给企业未来的发展带来负面影响。

电子邮件倘若被直接当做垃圾邮件删除,就失去了递送至顾客面前的机会,其在电子邮件营销中所作的努力也将付诸东流。

图 5-5 电子邮件营销的 5 个要点

要点 1. 提供更多实用的价值

统计表明,用户一般最多只能容忍十五封商业信息邮件。因此,要想抢占那十五个席位之一,就必须找出新点子,提供比竞争对手更多的价值。这就要求经营者不能只是进行简单的推销,而应当加强对顾客的说服和教育。

根据产品为什么值得购买的特性进行详细介绍,甚至是与之相关的配套产品的介绍。尽管有些产品可能并不是公司的主打产品,但是这样会吸引到更多的用户来注册、点击相关邮件,浏览网络商铺,从而创造巨大的商业价值。

要点 2. 及时处理用户反馈

企业必须有一个特定的电子邮箱来接收用户的所有反馈。即使是某个未注册用户的询问,也应该及时得到回复。因为,这表明他们已经对产品产生了兴趣,很可能其中的某些人便是最有价值的用户。

一般而言,在大型营销活动结束前 30～60 天内,用户是最为活跃的。一旦他们进行了注册,企业应立即发出邮件表示感谢,以便建立起友好的关系。此后,根据用户的兴趣,在电子邮件中提供更多相关内容,这样他们才会在每天收到的众多邮件中挑选你所发出的信息,并做出回应。给出一些小礼物通常是非常有效的。比如,为了鼓励第一次购买而给出 10% 的折扣,有利于吸引他们关注下一步的优惠信息。

要点 3. 根据邮箱特点优化邮件内容

用户使用最多的邮箱是什么?Gmail、163,还是公司邮箱?需要区分清楚并按照先后顺序进行相应的调整。

如果是 Gmail 邮箱,你不应该盲目地点击发送,而是要尽可能地了解 Gmail 邮箱的一些特性,从而调整邮件的标题,内容的颜色、字体、大小等;如果是公司邮箱,那也是非常有价值的,这将决定你的邮件性质,比如是 B2B 的还是 B2C 的。

要点 4. 对用户进行细分

在邮件营销中进行用户细分是一个很重要的工作,进行邮件细分可以更好地使相关类的客户得到更好的价值开发,也能减少自己的营销成本。

对于客户进行细分,针对不同的客户进行不同的订阅邮件发送。多种多样的工具使得为客户提供个性化的邮件成为可能,同时,顾客也更乐意接受这样的信息。

要点 5. 不断寻找新的注册用户

拥有越多感兴趣的注册用户,才能产生越多的销售量。然而,你可能没有意识到,或许你需要将大量的营销预算用于寻找新的注册用户。

比如,与业内知名的博客写手建立起良好的关系,或是赞助某类特殊的活动等。经验表明,这些活动花费不多,但是效果却非常不错。曾经有人花 500 美金赞助过一个主流在线杂志的活动,获得了 3000 个新的注册用户。而且当你在行业内建立起知名度之后,你会发现无论是博客还是杂志,当他们需要合作伙伴来进行商业促销时,他们首先就会想到你,这时再进行电子邮件营销的成功率也会大大提高。

搜索引擎营销

潜在购房者如果想从海量的信息里找到自己所需信息,就要借助搜索引擎这一重要工具。

搜索引擎营销通过关键词与产品匹配性设计,使关键词与相应的网站或页面建立指向性关系。借助搜索引擎工具,可以在消费者进行相关搜索时,迅速定向到某一个具体房地产商或者信息提供商的网站页面,直接将产品和服务信息呈现在消费者眼前。

搜索引擎为购房者在信息搜索方面提供了极大的便利性,节省了他们信息搜集的成本。某种意义上,搜索引擎实际上充当了潜在购房者和房地产商,以及各类房产信息提供网站之间的桥梁的作用。

SOHO 中国借力百度开展搜索营销

地产大亨潘石屹为其 SOHO 中国旗下的 SOHO 尚都销售、建外 SOHO 出租、博鳌蓝色海岸酒店度假等三个类别共 50 多个房地产产品,借助百度搜索引擎进行网络层面的营销推广工作。

而百度方面则为其选择了 620 个关键词进行相应的产品匹配性设计，全力推动 SOHO 中国在百度搜索引擎方面的营销推广。

举例来说，当 SOHO 中国在百度上购买了关键词业务"建外 SOHO"之后，潜在投资者如果想投资或者租赁该处的商铺，需要搜索有关的信息。按照通常的思维习惯，可能其中一个关键词就是"建外 SOHO"，那么他只需要在百度搜索栏输入"建外 SOHO"，然后开始搜索，就可以搜集到很多关于"建外 SOHO"的信息。其中，第一条就直接指向 SOHO 中国的官方网站。投资者可以通过点击这条信息，直接登陆 SOHO 中国的官方网站，了解进一步的"建外 SOHO"的相关信息。

一、营销效果

上线当天，百度就为"SOHO 中国"带来了许多有效的咨询电话。根据 SOHO 中国网站统计数据显示，截至月底，百度为 SOHO 中国带来的访问量高达 30 余万次。

二、营销小结

SOHO 中国试水搜索引擎开展网络营销，只是很普通的一个案例。其应用效果反映出搜索引擎对于房地产销售与租赁的潜在推动作用。但对于整个房地产行业而言，搜索引擎的作用其实远远不止这些。搜索引擎的作用实际上可以渗透到房地产行业的所有价值链环节和相关的配套领域，包括房地产开发商、租房售房信息提供商、二手房市场，还有建材行业、物业服务等领域。

这些领域的任何一个环节，都可以借助搜索服务提供商，通过设计产品与服务相匹配的关键词，让消费者在进行信息搜索时，可以非常便捷地获得相关的信息。对于消费者而言，这样无疑减少了信息搜索的成本；而对于这类产品和服务的提供商而言，也同样是一个非常有效的信息传播途径。

第二节 微信营销策略

微信营销在房地产营销战略中大有"钱途",尤其在持续运营性的商业地产中更有难以阻挡的魅力。特别是针对商业地产后期运营管理,微信营销的价值主要体现在对商场持续运营和提供商场的服务多样化。消费者可以借助成为商场微信会员而享受商场品牌商家、品牌餐饮会员折扣,可以持续让客户关注项目,成为项目铁杆粉丝,持续带来商场火爆,为商业地产运营注入持续的品牌影响力,带来忠诚的消费客流。

微信营销的 6 个优势

微信营销是网络经济时代企业营销方式的创新。作为一个近几年才兴起的新媒体,很多个人及企业纷纷在微信上开通个人微信号或者建立公众号。相对于其他营销方式而言,微信营销具有以下六个方面的特殊优势。

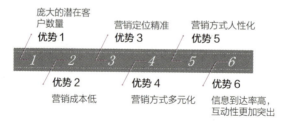

图 5-6 微信营销的 6 个优势

▶ 优势 1. 庞大的潜在客户数量

微信 2011 年 1 月份由腾讯公司推出。目前,其用户总量已突破 6 亿大关,其中月活跃用户超过 2.7 亿人。庞大的用户数量背后便是巨大的营销市场。如此巨大且仍在不断攀升的数字，企业或营销推广人员无法不给予重点关注，以至于让它逐渐成为企业营销的一个重要平台和工具。

▶ 优势 2. 营销成本低

传统营销方式里，每一次企业营销背后都是高昂的推广成本。而微信软件本身的使用几乎是免费的。无论是个人用户还是企业用户，使用各种功能几乎没有费用，使用微信时产生的上网流量也是由网络运营商收取比较低廉的流量费。也就是说，微信从注册到开通使用，几乎可以视为免费。

通过微信开展的微信营销活动的成本自然也非常低。

▶ 优势 3. 营销定位精准

微信公众账号的粉丝分类非常细致化。企业通过后台的用户分组设置，便能掌握目标客户群体在年龄分布、性别分布、地域分布等方面上的有效信息，从而针对某一潜在客户群体、甚至专门针对某一用户进行个性化、精准化的内容推送。

▶ 优势 4. 营销方式多元化

传统的营销模式相对来说比较单一，微信本质上相当于一个媒体，企业或者个人可以像经营一个媒体一样，通过创建丰富有趣的内容来推送自己的广告。因此，用微信实施营销就具有更加多元化的特点。除了文字、图片、语音、视频这四种类型的推送之外，企业还可以利用摇一摇、漂流瓶、附近的人、二维码、朋友圈等多种功能开展生动有趣的营销活动，拉近与目标客户之间的距离。

▶ 优势 5. 营销方式人性化

微信营销最大的优点是亲民而不扰民。用户可以自由选择是否接受信息。微信公众账号的内容推送既可以主动推送，也可以把接收信息的权力交给用户，让用户自己选择自己感兴趣的内容。比如，回复某个关键词就可以看到相关的内容，让传统的"轰炸"式的广告变得充满趣味和安静。微信营销过程和方式更加人性化。

优势 6. 营销信息到达率高，信息交流的互动性更加突出

微信的最大特点有两个。

（1）信息送达快速。每一条信息都是以推送通知的形式发送，信息在 10 ～ 20 分钟之内就可以送达到客户手机，到达率可以达到 100%，传播到达率高于微博。

（2）微信具有很强的互动及时性。无论人在哪里，只要随身携带着手机，便能够很轻松地查阅信息以及同目标客户互动，给账号经营者带来了极大的便利。

微信营销的 5 种方式

微信平台的营销，主要靠以下 5 种方式：微信对话、二维码扫描、建立微信公众账号、查看附近的人和漂流瓶。综合运用这 5 种方式，能使营销活动更具吸引力。

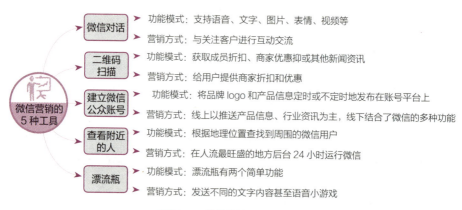

图 5-7　微信营销的 5 种工具

方式 1. 微信对话

功能模式：微信支持语音、文字、图片、表情、视频等对话形式，有效满足了商家与潜在客户进行交流互动的需要。

营销方式：与关注客户进行互动交流，拉近彼此之间的距离，实现互动式营销，增强客户对品牌及产品的认知度。

方式 2. 二维码扫描

功能模式：将二维码图案置于取景框内，微信会通过扫描二维码，获取成员折扣、商家优惠或其他新闻资讯。

营销方式：移动应用中加入二维码扫描，然后给用户提供商家折扣和优惠，这种 O2O 方式早已普及开来。而类似的 APP 在应用超市中也多到让你不知如何选择。坐拥上亿用户且活跃度足够高的微信，其价值不言而喻。

比如，深圳海岸城利用快捷方便的二维码营销。用户只要扫描它的微信二维码，即可获得电子会员享受相关折扣优惠或增值服务，迅速积累了人气。

方式 3. 建立微信公众账号

功能模式：商家通过微信公众平台创建公众账号，将品牌 logo 和产品信息定时或不定时地发布在账号平台上。

营销方式：越来越多的商家意识到微信平台的影响力，纷纷搭建起公众账号。线上以推送产品信息、行业资讯为主，线下结合了微信的多种功能，策划出一系列别开生面的微信营销活动。

比如，碧桂园十里银滩是全国首个房地产官方微信。由于是第一个吃螃蟹的，公众号开放当天便引来了各方人士的关注。

方式 4. 查看附近的人

功能模式：用户点击"查看附近的人"后，可以根据自己的地理位置查找到周围的微信用户。在这些附近的微信用户中，除了显示用户姓名等基本信息外，还会显示用户签名档的内容。所以，用户可以利用这个免费的广告位为自己的产品打广告。

营销方式：营销人员在人流最旺盛的地方后台 24 小时运行微信。如果"查看附近的人"使用者足够多，这个广告效果也会不错。随着微信用户数量的上升，这个简单的签名栏会也许变成移动的"黄金广告位"。

方式 5. 漂流瓶

功能模式：漂流瓶有如下两个简单功能。

（1）"扔一个"，用户可以选择发布语音或者文字然后投入大海中，如果有其他用户"捞"到则可以展开对话。

（2）"捡一个"，"捞"大海中无数个用户投放的漂流瓶，"捞"到后也可以和对方展开对话，但每个用户每天只有 20 次机会。

营销方式：微信官方可以对漂流瓶的参数进行更改，使得合作商家推广的活动在某一时间段内抛出的"漂流瓶"数量大增，普通用户"捞"到的频率也会增加。加上"漂流瓶"模式本身可以发送不同的文字内容甚至语音小游戏等，如果营销得当，也能产生不错的营销效果。而这种语音的模式，也让用户觉得更加真实。

房地产微信营销经典案例

媒介创新日新月异、营销手法层出不穷。地产营销敏锐感觉须采用微信营销，实现营销的快速逆袭。

案例 1：万达西双版纳国际度假区

图 5-8　万达西双版纳国际度假区微信界面

万达西双版纳国际度假区微楼书：在微信上直接展示楼书，展示项目图片、文字，既可以通过朋友圈分享楼书、资讯,还可以直接在微信上预约看房,能够与不在项目现场的客户进行互动交流。

万达西双版纳国际度假区是面向全国甚至国外销售的旅游文化地产项目,在本地的销售占据的比例远小于外地的销售比重。因此,万达西双版纳国际度假区在网络营销方面的力度必须足够大,才能支撑起万达西双版纳国际度假区在全国各地的销售场。微营销当今的影响力可算是网络营销中既精准又能够病毒式传播的一大网络营销渠道,而万达西双版纳国际度假区首先就制定了自己的微楼书。在传播微楼书的过程中,将万达西双版纳国际度假区的风景容貌、产品价值等信息都带到各地,对促进外地成交起到了相当大的作用。

案例2:杭州广厦集团利用微信报名入口,定制微信游戏引爆病毒营销

图5-9 杭州广厦集团微信界面

广厦集团的"广厦·杭州国际登山节"登山送房微信活动,无疑是2014年房地产企业品牌推广的一个典型案例。这个活动推出仅15天时间就已经有超过100万人参与,达到500万次品牌传播。

广厦集团与国内最大的微信营销服务商微信生意宝合作,定制微信报名入口,将登山节活动用微信游戏的方式呈现。参与者填写姓名电话即可生成专属活动页面。将该页面分享给朋友,只要朋友参与即可增加参与者的助力数。该助力数取得抽奖的资格,并且助力数最多的50人将在页面上呈现,旁边就是参与者的助力数以及好友助力名单。丰厚的奖品+有趣的游戏,使得该活动的微信朋友圈引起病毒传播,8天时间就吸引了30万人参与。助力数第一的参与者已经成功邀请了1122人参与了活动。

案例3:海盐恒大房产上城春天里

现场微信活动,吸引大量潜在客户成为项目微信粉丝。

图 5-10 上城春天里微信界面

"微信照片打印机","微现场"摇一摇赢大奖,让看房、抽奖都充满乐趣,现场爆满。现场每个人都可以打印照片,摇一摇抽奖颠覆传统奖箱抽奖方式。同样是送奖品,而这更具互动性和竞赛性,吸引客户积极参与。不论微信照片打印机、还是摇一摇抽奖,都要关注"上城·春天里"的微信公众号,这就为春天里提供了二次营销的机会。

案例 4:招商地产——"招商云客"

图 5-11 招商地产微信界面

"招商云客"微信应用的功能特点突出两个"通"字。

一个是打通了消费者和开发商之间的新渠道。比如,消费者可以注册成为会员,通过微信实现预约看房;销售人员在自己的微应用中就可以看到相应的信息,可以为客户安排合适的时间和置业顾问,提供更周到的服务。

在客服微应用中,业主可以通过绑定房产物业公司,提出维修需求。工程师接单、预约时间、进度、成果反馈等各个环节都是透明可见的。服务更便捷,更人性化。

另一个更为重要的"通"就是打通了微信与 CRM 系统。后台信息及时同步,有效避免了重复录入信息,因信息"时间差"造成客户体验不佳等现实问题。

目前,"招商云客"的微信客服项目在南京公司进行公司级运营,微信营销项目在杭州公司的雍华府和苏南公司的依山郡展开项目级运营。未来在试点应用的基础上围绕项目动态和客户体验持续调整和深化,并逐步扩大应用范围。

案例 5:纳帕溪谷亿万红包大派送

图 5-12　东原纳帕溪谷微信活动海报

武汉纳帕溪谷在中南、街道口、光谷、光谷天地以及南湖五大商圈举办"微动全城"大型快闪活动。只需要举起手机扫描纳帕宝贝们展示的纳帕溪谷官方微信二维码,就能在第一时间参加纳帕溪谷幸运大转盘活动,获得赢取超级大礼的机会。

在强大的微信营销攻势下,一场房地产界的营销革命席卷而来。史上最大红包派送活动——"微信购房季"在全国 60 多个城市盛大启动。活动以无与伦比的让利幅度撼动全国。

案例 6:金大地·龙湖中心——微信转发集赞,疯抢购物卡

图 5-13　龙湖中心微信集赞活动

2014 年 2 月 24 日,金大地·龙湖中心发起只要关注龙湖中心官方微信账号,并且转发官方推送的信息至朋友圈,就能领取奖品,转发的越多礼品越丰厚,10 篇及 10 篇以上即可获得 100

元超市购物卡!并且,转发后的评论和集赞只要达到一定数量,也可领取奖品,100个评论或者赞就能赢取500元的超市购物卡一张。对于微信好友比较多的市民朋友而言,抢到大礼绝对是分分钟的事。

简单的一场活动,完全没有捆绑任何消费信息,100%回馈全城的大手笔诚意之作让金大地·龙湖中心官方微信账号粉丝实现暴涨。

案例7:富力盈通大厦巨型二维码霸气卖楼

图5-14 富力盈通大厦二维码营销

2月28日,全国最大的写字楼二维码成功落户广州黄埔大道。富力盈通大厦的楼身出现了面积达1000平方米的二维码海报。海报高达6层楼,堪称"史上最大写字楼二维码"。用户关注微信后,回复相应字母,就能查询到写字楼的户型、价格、车位、交通配套等信息。写字楼负责人说,用这种方式卖楼,一个多月就吸引了500多人关注。

房地产微信公众号的3种类型

房地产微信公众平台的运用尚处于起步阶段,主要可以分为以下三类。其中,以单一项目号运用最为广泛。

图5-15 房地产微信公众号的3种类型

1 类型 1. 公司品牌号

微信平台以地区公司名称命名,以展示公司品牌、产品形象、企业实力为主要功能。

代表平台:广东绿地、万科上海、绿地集团。

图 5-16　广东绿地、万科上海、绿地集团微信公众号

2 类型 2. 单一项目号

这是目前地产微信平台运用最广泛的形式。

微信平台以某一项目的案名命名,以游戏、抽奖等环节吸引新客,主要包含项目展示、互动活动及会员中心这三大功能。

代表平台:碧桂园十里银滩。

图 5-17　单一项目号的 3 个功能

3 类型 3. 物业服务号

平台以公司物业服务主题命名。

以提供业主生活服务、社区活动信息,维护业主关系为主要功能。

代表平台:万科"万客会"、碧桂园物业、保利物业。

图 5-18　万科"万客会"、碧桂园物业、保利物业微信公众号

微信公众号的内容建设

房地产微信公众号的内容建设包括以下三个板块。

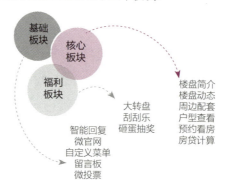

图 5-19　房地产微信公众号的 3 大内容板块

▶ 板块 1. 基础板块

表 5-3　房地产微信公众号的基础板块

智能回复	通过预先设置的图文素材,设置首次关注时回复、关键词自定义回复
微官网	只需设置分类,添加图文,选择喜欢的模板和素材,就能生成一个漂亮的微信网站

续表

自定义菜单	用户无需再通过输入关键词触发回复，直接点击菜单就可以看相关的内容
留言板	粉丝通过商家设置的关键词发送留言给商家，商家就可以在后台查看到并可进行回复
微投票	开启此功能，可以发起文本投票和图片投票两种形式，可单选和多选

❷ 板块 2. 核心板块

表 5-4　房地产微信公众号的核心板块

楼盘简介	简单介绍楼盘的主要情况，主要包括开发商信息、楼盘名称、楼盘特点、开盘时间等
楼盘动态	及时更新楼盘项目的最新动态，吸引更多粉丝的注意
周边配套	楼盘是否靠近公交站、地铁，周边是否配有银行、医院、餐饮、商场等公共场所
户型查看	提供各类房型的详情查询，为粉丝提供三维户型鉴赏照片
预约看房	提供预约看房功能，粉丝可通过微信平台向商家预约看房的时间
房贷计算	帮助粉丝算每月的月供、利息总额和还款总额

❸ 板块 3. 福利板块

表 5-5　房地产微信公众号的粉丝福利板块

大转盘	直接发布幸运大转盘活动，设置活动内容、奖项及中奖比例
刮刮乐	通过逼真的刮卡体验，增强用户黏性，可设置活动内容、奖项及中奖比例
砸蛋抽奖	砸蛋抽奖可以增强粉丝与公众号的互动、提升公众号的黏性，在短时间内迅速引爆人气

某著名地产公司微信平台架构

一、微信平台功能定位

发布功能：公司品牌、各项目最新动态信息发布；

自发传播功能：用户对公司/项目信息自发传播与扩散；

在线咨询功能：针对意向购房客户，可实时获取意向项目最新销售信息，增加信息传播效率、缩短咨询周期。

增值服务功能：针对业主，可获取物业基础服务、社区服务等信息，增加业主满意度，为增加老带新概率做实基础。

交流反馈功能：用户通过微信平台提出意见或疑问，获得及时反馈，将客户关系管理、危机公关前置。

二、微信平台功能实现途径

1. 功能划分上：业主服务与新客独立运营

该企业微信平台主要针对业主及意向购房客户。二者处于销售周期不同阶段，关注重点有差异。建议两大功能板块独立运营。

业主服务以"××会"为平台，主力进行购房业主基础物业服务、增值服务等，提高业主满意度，增强业主黏性。

新房推荐以"生活家"为主，主力进行在售新盘展示、积分兑奖等，提高在售项目信息传播度。

两大板块为独立功能板块，分归于不同职能部门运营。两大板块间各通过一个功能键实现板块切换。

2. 内容服务上："双有"概念，捕捉用户

通过对目标用户基本特征分析，可从以下几方面出发搭建内容，吸引用户持续使用。

有利：通过设置抽奖、积分换购、积"赞"有奖、转发有奖等互动环节，以不同形式、不同主题礼品吸引用户关注并转发。

有趣：通过设置与项目/品牌传播主题相关飞机稿、互动游戏等元素，增强传播内容趣味性，增加转发乐趣。

三、新客平台构架及运营要点

四维一体：信息展示、在线咨询、游戏互动、意向统计。

新客平台涉及在售项目较多，且功能较多，为便于界面管理，建议使用服务号形式运营。

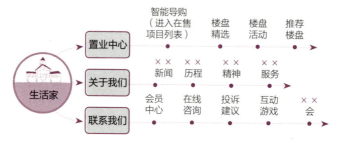

图 5-20　新客平台基本架构

1. "置业中心"使用功能说明

智能导购：在售项目楼盘列表推送，用户根据需求点击某一项目，进入该项目对应微官网。

楼盘精选：本月公司主推同类型项目列表，如"城市青年置业首选项目"等主题。

楼盘活动：本周在售项目活动列表，客户根据需求点击进入。

图 5-21　导航示意键

点击"智能导购"进入在售项目列表，点击某一项目即进入其微官网。

项目微官网展示本项目基本参数、主力户型图、样板间实景等静态信息。

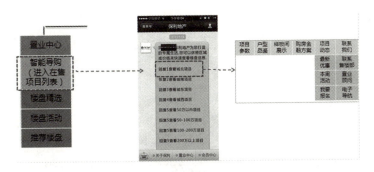

图 5-22　"置业中心"使用功能说明

2. "置业中心"使用功能展示

在"项目动态"中，展示项目最新优惠及当周活动。用户点击"我要报名"，填写个人姓名、联系方式报名参加活动。

用户点击"联系我们"中的子菜单，与售楼部取得联系。其中"置业顾问"跳转至该项目双边销售团队业绩排名各前5位置业顾问手机列表，用户自行选择沟通。

3. "置业中心"后台运营要点

新客平台建设及运营，由开发商主导，代理公司、广告公司、网推公司共同完成。

四方使用各自独立操作管理后台，一方无权登录并查看另三方工作平台数据。

"置业顾问"联系使用单向沟通，即只可由用户点击置业顾问手机列表，单向主动向其咨询。

须就客户信息保密性与网推公司签订专项协议，约定其对微信平台客户资源保密责任及义务。

4."关于我们"的使用功能说明

对该公司品牌动态、发展历程、服务、企业理念等进行静态信息推送，展示品牌价值。

图5-23 "关于××"界面

5."联系我们"使用功能说明

会员中心：借鉴新盘蓄客"银卡"模式，建立在线个人积分中心。

用户通过注册、完善个人信息、填写指定问卷（购房意向调查表）、转发指定内容、推荐好友关注平台等动作获取积分。

定期推出积分兑换奖品、抵扣房款等活动，实现来访转化。

"会员中心"积分系统建设与使用，利弊均有。

表5-6 "会员中心"利弊

利	弊
稳客、锁客、促进转化为来访 ①以积分累计、积分换购，激发用户传播指定内容的积极性； ②通过指定售楼部领取积分换购礼品，增加客户来访理由，为成交创造契机	客户资料归属及管理工作庞大 ①客户信息后台管理如外包给微信技术公司，存在客户资料保密性问题； ②如客户管理由开发商自行负责，须与现有明源系统打通，并组建15人客服团队，专业维护客户，成本庞大

投诉建议：针对客户在购房过程中疑问、销售人员不规范操作等信息汇集点，将客户意见处理前置，危机公关前置。

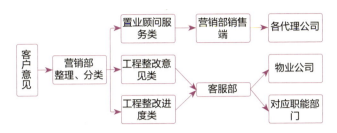

图 5-24 "投诉建议"板块信息搜集及反馈机制

互动游戏：以品牌为单位在线抽奖、摇摇乐等互动活动集合于此。

××会：一键跳转至××会业主关系维护功能板块。

四、业主平台构架及运营要点

五维一体：实时服务、增值服务、互动参与、投诉监控、销售嫁接。

①即时传呼服务，快速消除与业主沟通时间差；

②××会联盟商家提供业主专属服务；

③项目、社区活动参与、积分兑换；

④及时把控投诉归口，规避公关风险；

⑤植入品牌、项目销售信息推送，促进老带新。

1. 业主平台架构示意

业主平台涉及在售项目较多，且功能较多，为便于界面管理，建议使用服务号形式运营。

表 5-7 业主平台架构

一级	××家园								
二级	××会					××物业		联系我们	
三级	联盟商家	会员积分			个人中心	××生活	游戏互动	项目管家	在线客服	××动态	项目鉴赏
四级	商家招募	商家折扣	参与活动	推荐再购	奖品商城	积分查询				快捷报修	在线缴费	社区活动			

2. "××会"使用功能说明

联盟商家：××会拓展商家资源，业主出示电子卡可享受专属折扣，商家招募公告吸引意向商家参与。

会员积分：参与在售楼盘活动扫二维码积分、推荐再购线下确认积分，积分达到一定数目可兑换商城奖品，在线可查询个人积分。

个人中心：显示个人电子会员卡、个人物业信息。

××生活：该企业主编内刊电子版，点击可阅读。

游戏互动：内设游戏插件，增强娱乐性。

3."××物业"使用功能说明

首次点击弹出"项目管家"，回复所在项目代号进行咨询。

快捷报修：实时与物业对接，解决家政保洁、基本设备检修问题。

在线缴费：通过"财付通"平台开设账户、方便业主缴纳水费、物业费。

社区活动：社区物业组织、业主自行组织活动信息发布。

4."联系我们"使用功能说明

在线客服：实时与客服部对接，迅速解决业主咨询疑问，为避免与物业"快捷报修"混淆，业主如需甲方工程部处理房屋问题，通过在线客服与工程部取得联系。

××动态：不定时更新品牌重大新闻、活动发布信息，不分片区推送重点项目发布，树立业主置业信心。

项目鉴赏：一键切换至新客平台，增强业主购房体验。

5."××会"后台运营要点

牵涉业主身份认证准入，需就业主信息保密性与网推公司签订专项协议，约定其对××微信平台业主资源保密责任及义务；

项目活动信息公布需生成唯一二维码，便于业主到场验证并积分；

推荐购房无法实时完成验证积分，如设定24小时受理回复；

限制"一户一号"，防止联盟商家利益受损、积分滥发造成经济损失。

6."××物业"后台运营要点

物业客服在线实时对接业主需求；

物业统一开通或分项目开通财付通账户，协助业主缴纳物业管理费与水费，同时做好台账登记，避免已缴错报；

社区活动信息根据项目自行决定发布。

7."在线客服"后台反馈机制

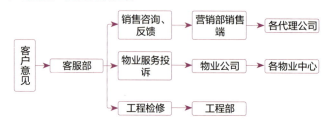

图 5-25 "在线客服"后台反馈机制

重庆万象城微信运营策划

一、需求洞察

时尚一代有这样的个性特征。

年轻、时尚
新式置业时尚一代，成长于改革开放及互联网时代，比较年轻，置业投资眼光独特。

思想前卫
媒体习惯以网络、手机、视频为主；擅长信息的搜集、比较。

休闲生活
80% 以上商旅活动频繁的精英人士向往拥有一个无拘无束、休闲度假式的个人居所，逃离大城市的喧嚣。

网络交流
超过 60% 的话题内容集中在交流和分享层面。非常擅长通过互联网获得信息和分享交流。

二、产品策略

重庆万象城微信管理平台主要是通过"主题站＋关键词索引"的模式构建的。

通过"走进万象"、"项目介绍"、"服务信息"这三个主题站，有序、系统、全面地展示重庆万象城的所有产品、宣传活动信息等；

通过关键字的智能回复，让用户更直接、简便地获得具体的产品信息。

该平台有三大菜单导航栏：走进万象、项目介绍、服务信息。

1."走进万象"关键词

表 5-8　走进万象主题站关键词

关键词索引	具体内容	目的
万象 WIFI	智能化回复商场 WIFI 密码	为消费者提供免费网络支持
停车场	实时更新商场停车场信息	通过微信便能了解商场实时停车场信息，让消费者不再为无处停车而烦恼
微万象	微信 3G 网站，全方位介绍商场实时信息、服务、活动等内容	打造独有的万象微信公众平台
商铺实况图	以 3D 动图的形式，展现商业中心内各个商铺的信息	让顾客足不出户就能了解万象商场情况
公司简介	万象城总体介绍、开发商信息介绍等	打造独有的品牌效应

2."项目介绍"关键词

表 5-9　项目介绍主题站关键词

关键词索引	具体内容	目的
店铺查询	楼层商铺实体介绍	清晰、明了地介绍各个楼层商铺分布情况
万象推荐	推荐最具特色的商铺信息，同时可进行招商项目的介绍等	进一步吸引更多意向买家的关注及购买
包罗万象	打造最具奢华的商业中心，"吃喝玩乐"包罗万象	全方位服务消费者，提高市场竞争力
最新活动	实时发布商场最新优惠活动	提高市场影响力，加强对意向买家的触动
楼市行情	收集整理并发布周边城市的楼市行情	提升项目楼盘产品的市场竞争力

3."服务信息"关键词

表 5-10　服务信息主题站关键词

关键词索引	具体内容	目的
客服热线	为消费者在线提供咨询服务	拉近与消费者的距离
求职招聘	发布最新招聘信息	打造独有的微信招聘平台
万象导航	商铺地址及周边地标性地点地理位置地图及交通线路指示介绍	方便意向消费者了解项目楼盘具体位置并前往
会员招募	品牌推广、会员管理、营销活动、统计报表等	打造独有的万象会员模式，刺激潜在消费需求

三、运营规划

1. 日常运营流程控制

图 5-26　微信日常运营流程控制

重庆万象城微信的编辑们，严格按照标准流程进行内容制作。

以软件项目管理的执行标准，确保出品优异。

2. 日常运营推送策略

表 5-11　微信日常运营推送策略

内容项目	常规推送		临时推送	
推送频次	微信 5.0：1 条 / 月		微信 5.0：1 条 / 月	
推送时间	12:00 ～ 14:00		9:00 ～ 21:00	
操作平台	微信公众平台开发模式（定制管理后台）		微信公众平台编辑模式	
内容形式	导读/索引式	主体内容 - 多条图文混排	常规式	主体内容
		扩展内容 - 链接到微官网阅读		一般不含扩展内容
内容说明	新品发布		新品发布	
	活动宣传		活动宣传	
	重要告知		重要告知	

3. 日常运营粉丝管理

表 5-12　微信粉丝管理的 4 项内容

粉丝分析	交互记录
个人信息分析 时段分析 增长分析 话题分析	记录全部交互内容 话题归纳 活跃名单 红名单 - 对产品和服务满意者 黑名单 - 对产品和服务满意者
行为偏好	异常警报
产品偏好 信息偏好 娱乐偏好 服务需求 针对性策略	粉丝建议与投诉 即时交互 及时报告 妥善处理

微信营销的 6 种方式

微信营销重在用户互动，和用户一对一的互动会让用户很快产生归属感。微信上的互动营销想要做起来，就需要众多的粉丝捧场。以下六个技巧能有效帮助企业获取粉丝、快速地操控微信这个奇妙的网络营销工具。

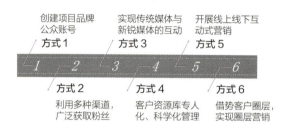

图 5-27 微信营销的 6 种方式

方式 1. 创建项目品牌公众账号

创建一个项目公众账号，将项目 LOGO 设置成图像，个性签名换成项目信息简介。项目 logo 图片清晰美观便于识别，项目简介简单明了。持续通过图片、文字、声音释放项目信息、活动信息及销售信息，持续制造话题引起焦点。

方式 2. 经营粉丝数量

建立一个微信公众号很简单，几乎没有门槛。但是微信营销不是建立一个微信公众号那么简单，它营销的本质还是注意力经济。一个微信公众号，如果没有人关注，它的营销能力就是零，只有它的订阅数量达到一定的级别，它具有的广告传播效益才能发挥出来。

企业创建公众号，重点在于两点：制造有趣有价值的信息或内容；借助内容获得粉丝。利用微信的多功能渠道和微信内容的趣味性，通过多样化持久推广，最终达到海量粉丝，才算是一个成功的具有营销威力的微信公众号。

表 5-13 微信粉丝的获取方式

获取渠道	获取方式
QQ 好友	可利用 QQ 资源添加好友，用 QQ 号、QQ 群，特别是企业 QQ 群、协会 QQ 群等，将 QQ 资源变成微信资源
手机通讯录	通过获取手机号码的方式来获取粉丝资源，如企业高管、协会、银行 VIP 客户等潜在目标客户的手机号码，将目标群体变成微信好友
查看附近的人	销售人员在高档小区密集、写字楼集群、商圈内、高端休闲娱乐圈内等地方"查看附近的人"，获取目标客群；或者直接从售楼部通过"查看附近的人"获取微信粉丝
漂流瓶	与微信官方合作，更改漂流瓶参数，设置漂流目标客群，在定向推广时间段向目标群体增大瓶子的投放量，让潜在客户捞到瓶子的概率增大，获得更广泛目标客群的关注
摇一摇	每个售楼员创建一个微信账号，多账号共同摇添加好友，一般晚上空闲时段效果最为显著，可以快速获取更多的粉丝资源

方式3. 能与传统媒体与新锐媒体互动

微信是一个比较新的平台,它营销功能的快速生效除了自身的经营外,还离不开传统营销道具的配合和互动。比如,地产企业利用楼书、单张、折页、报广、大牌、道旗、短信、网站、微博等道具和媒体推广房地产项目公众账号,实现传统媒体与新锐媒体的联动式推广,最大限度地获取关注量。

方式4. 建立客户资源库

企业建立的微信公众号,背后是一个巨大的客户资源数据库,以及一套严密的企业营销战略和实施技术。因此,真要做好企业微信号,需要专门的人去负责。甚至,它应该是被一个专业化的营销团队管理,才能最终成为一个有效的企业营销平台。很多企业的公众号建立之后,只留一个类似值班员的人去管理,定期推送,没有对市场的琢磨,没有对受众的深入研究,没有针对性的设计微信的推送内容,没去研究受众的口味。订阅者就像订阅了一个广告信息短消息。这样操作的微信号自然不会经营得太好。

一个有追求的企业微信公共号,至少会做到两点:

①会将收集的客户资源进行整合分类建立客户资源库,并由专人或者一个团队去负责,具备专人化负责,科学化管理的管理理念;

②在内容设计上也是根据不同的客户来源的特点,及时将项目信息传达给客户,并能保证及时与客户互动,让客户了解项目最新动态,从而提高客户黏性。

微信聚客的5个技巧

技巧1. 结合网络热点

某官方微信平台首次使用,以内容及创意吸引用户,增大用户认知度及互动强度,以话题性内容连接与用户间黏性,提高官方微信知名度。

表 5-14　结合网络热点推广微信

营销挑战	①粉丝基数为 0； ②品牌微信平台声量低下
营销思路	结合网络热点，明星出轨事件"周一见"，以"且行且珍惜"为围绕点，结合品牌关键词"服务至上"、"稀有湖区资源"、"品牌理念"等吸引网络用户针对事件及品牌亮点的关注
营销执行	①以某项目的拟人形象进行输出，配合标题"周二见，服务虽易，品质不易，且行且珍惜"为内容撰写文案； ②创意结合品牌关键词，设计突出品牌相关内容的图稿； ③参照特性及推广目的在行业内小规模进行推广，起到引发关注、以内容吸引业内用户的作用
营销效果	①粉丝基数从 0 涨至 103 人； ②"周二见"内容推广在微信平台上总阅读数达 348 次

图 5-28　某项目创意营销文案

技巧 2. 节点结合 + 创意海报

表 5-15　某项目母亲节创意海报微信营销

营销时间	2014-05-09
营销思路	结合母亲节这一节点，主打亲情牌，最终围绕创意点"树欲静而风不止，子欲养而亲不待"为内容，突出表现母亲的辛苦及无私的爱，引起网友共鸣并引发讨论
营销目标	①以共鸣性话题吸引用户，结合创意图文扩大传播面，增加粉丝基数； ②从围观层面上促进品牌销售
营销执行	①以多图文形式表达内容主观想法，围绕"爱"撰写内容及海报设计； ②以母亲和我之间的记忆为点，吸引用户产生共鸣

续表

营销结果	①粉丝在原有基数上增长 97 人； ②创意内容推广在微信平台上总阅读数达 1200 次； ③内容转发量达 116 次

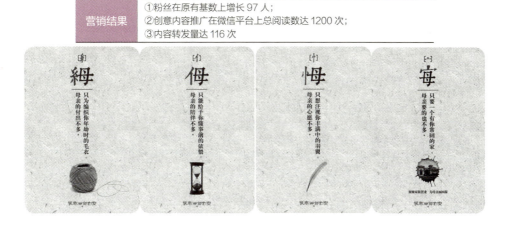

图 5-29　某项目创意海报

技巧 3. 语音形式创意推广

表 5-16　某项目以语音形式推广微信

营销思路	以"讲故事"为推送内容，针对受众 TA 兴趣点围绕"上海旅游攻略"和"名人轶事"为主线，引发用户关注、讨论及传播
营销目标	以"泰叔"拟人化形象展现内容，增强互动性及趣味性，以 TA 兴趣点为传导内容，增加用户依赖性，加深其与品牌间的黏性
营销执行	①以拟人化形象通过语音的形式传播内容，吸引用户的同时增加互动； ②根据推送内容设计、转载相关图文进行配合； ③每周三次
营销效果	截止 2014 年 6 月 11 日，与品牌总互动人达 60 人

技巧 4. 线下策划 + 线上整合

表 5-17　某项目样板房开放活动

营销平台	楼盘现场活动 + 某项目官方微信平台
营销思路	结合品牌线下样板房活动，以"抽奖"为噱头使用微信平台进行引流，将线下用户往线上引导，并利用普类整合营销整合资源配合现场活动进行传播及合作
营销目标	①以活动增加品牌微信粉丝基数； ②从微观层面上促进品牌传播和销售
营销执行	①结合现场活动，以"直播"形式进行线上配合，并通过线上活动推送引导用户参与并产生二次传播；并以微信平台的大转盘和砸金蛋形式引爆线上活动； ②直接引用现场产生的图片进行内容填充
营销效果	①粉丝在原有基数上增长 206 人； ②活动实际参与人数 370 人

技巧 5. 品牌跨界合作

表 5-18　某项目品牌跨界合作微信活动营销

营销思路	利用现有客户资源进行跨界合作,通过内容互关联导流粉丝,以某项目"星福利"活动的噱头,结合 ×× 酒店资源,开展活动颁发奖品,引导优质用户至线下,成为双方品牌优质培养粉丝
营销目标	①通过活动增加双方微信平台粉丝基数及内容传播量; ②增加用户黏性和品牌依赖性; ③导流线上用户至线下
营销执行	①以某项目官方微信推送的形式,回复姓名及手机参与活动,以特定概率值抽取并产生中奖用户; ②直接以 ×× 酒店景观图为内容配图,扩大其传播面,吸引某项目用户关注并主动参与活动
营销效果	①活动实际参与人数为 141 人; ②通过活动某项目官方微信平台增长粉丝 100 人

图 5-30　某项目品牌跨界合作微信营销页面

方式 5. 形成线上线下互动营销体系

房子作为一种不动产及大宗消费品,几乎无法像柴米油盐或服饰日常用品那样在网上选购,交易通过互联网完成。消费者的最终消费必须到现场决定。因此,作为房地产企业的微信平台和公众号微信,其营销必须与线下活动相结合,及时向微信用户传达项目线下的活动信息、团购、优惠信息,通过节点性活动、暖场性活动、拼友、团购、看房团、领取礼品等形式让客户来到售楼部现场,将微信客户转化成来访客户甚至成交客户,提高客户忠诚度并获得业绩。

方式6. 圈层营销

每个售楼人员都应学会运用微信平台与客户进行交流,及时将项目最新动态通过图片、语言、视频等方式传达给客户,与客户建立良好关系,进而借助客户的朋友圈层,实现圈层营销。

(1) 销售人员吸引客户关注微信的3个方法

①与圈层客户建立朋友关系。微信营销很大程度取决于销售人员与圈层客户之间的信任强度。与客户建立朋友关系是微信营销的重要一步。销售人员可以通过帮助客户学习使用微信,成为客户的第一批圈层朋友。

②教会客户使用微信,培养其使用微信的习惯。

③销售名片加二维码。销售名片上除了传统的联系方式,如电话、邮箱、地址等之外,建议印上微信二维码。

图 5-31　销售人员吸引客户关注微信的3个方法

(2) 销售人员微信客户分类

①建立专属档案,录入数据库。了解客户真实需求、消费行为、兴趣喜好、职业发展、影响力程度。可将其档案分为优质业主、政府资源、商业领袖、具备影响力人士等,并收编入客户资源数据库。

②开展圈层活动,让同一特性圈层客户相互认识,加深关系,便于纳入同一朋友圈。

表 5-19　微信圈层活动参考

圈层活动	活动参考
根据客户的爱好、特性举办活动	竞技比赛、摄影活动、高端客户的国学禅学讲座、年轻客群的相亲大会、中年客群的怀旧主题展、针对老年人的冬季保健讲座等
根据客户的需求制定专场活动	生日会、豪门夜宴、理财保险讲座、国医私人养生会活动等

③建立不同类别朋友圈。根据客户的不同爱好、职业、行业等进行分类开设，如同是热衷高尔夫球运动的客户、同是某集团企业的高管、某政府部门等。

（3）销售个人朋友圈客户维护

①担任圈层微信群版主，发起相关主题讨论。如红酒爱好者群，可以发起"你最喜爱的一款红酒"话题讨论，吸引客户参与话题，加深客户之间认识，炒热该群。同时，偶尔发布项目信息，不至客户反感。

②搭建资源整合平台。销售人员可整合不同主题圈层朋友圈的资源，开展微信线上讨论或线下活动，让不同圈层客户各取所需，增加客户黏性。如，可将医生圈层群与教师圈层群整合一起活动，相互就自身关注的健康问题或教育问题进行探讨。

③针对圈层客户，做出利益输送。如，加入销售微信圈层，享受会员权益；整合商家资源，为圈层会员提供酒店优先订房/优惠卡，航空 VIP 服务等。通过给予客户尊贵体验，增强客户黏性。

微博营销策略

企业微博营销源于微博的兴起和日渐盛行。自2010年以来,微博在国内发展迅速,成为继博客、社交网站之后又一重要的交流平台。新浪、搜狐、腾讯等各大门户网站都在大力布局微博。它一方面为人们进行沟通交流搭建了一个更加便捷的平台,另一方面又创造了一个全新的网络营销平台。相比较传统营销方式而言,微博营销可以更快速地帮助企业建立起顾客忠诚度。

微博营销的5个优势

微博营销是房地产市场营销手段的一种。从本质上来说,它是一种关系营销,也就是说,建立客户关系链,是房地产微博营销的重点工作。将有吸引力的话题和内容聚合到平台上,激发网民的热情与参与,是建立关系链的基础。在此前提下,借助于相关话题、相关活动的开展,与客户进行互动与交流,才能为下一步的商业活动储备大量的客户群体和关注度,最终实现营销目标和宣传企业品牌的目的。在这种形势下,微博营销的优势已经充分体现出来。

优势4
拉近用户距离,及时获得反馈

优势3
门槛低,不受时空限制

优势5
成本较低,效益高

博客营销的
5个优势

优势2
用户群体广,更易传播

优势1
操作简单,实用方便

图5-32　博客营销的5个优势

优势 1. 操作简单，实用方便

首先，微博的应用非常简单，考虑到用户行为模式，一键转发、评论等功能操作起来较为方便。其次，每一条微博的内容都比较精炼，没有以往的长篇大论，能够在短时间内关注到焦点事件，对于忙碌的上班族而言最适合不过了。不仅如此，微博开通的多种 API 能够让用户与用户之间实现即时分享，用户可以通过手机、E-mail、Web 等方式发布短消息，随时随地分享身边的新鲜事，让更多的人参与进来。

优势 2. 用户群体广，更易传播

经历了 2011～2012 年的快速增长期之后，微博客市场逐步进入成熟期，用户群体非常广泛。企业通过对微博粉丝的积累，能够有效利用众多粉丝的关注进行病毒式传播，不断提高自己的影响力。除此之外，企业与企业之间、企业与名人明星之间若能开展合作，将会赢得更多微博用户的关注以及更为广泛的传播，由此产生的经济效益和社会效益必定更为突出。

优势 3. 门槛低，不受时空限制

微博发布的门槛要求并不高，即使是"早上刷了 XX 牙膏"、"晚上吃了 XX 夜宵"这样琐碎的小事，你都可以及时分享。你的粉丝可能早上没注意到你的内容，但只要他中午登录了微博，便能看到你所发布的消息，从而有可能继续传播、扩散下去。当然，无论你是在广州还是在上海，甚至是在巴黎，都可以把这些事情告诉大家，微博的发布不会受到地域的限制。

优势 4. 拉近用户距离，及时获得反馈

作为微型博客，微博有一个很好的特点，就是能与粉丝进行良性互动。粉丝能够评论并转发企业微博更新的内容，企业也能与粉丝进行交流互动，并根据粉丝的反馈信息进行相关产品的调整，无形中拉近了企业与用户之间的距离。

互动性对企业微博来说是十分必要的。企业微博并非是企业唱独角戏，采取互动营销策略可以满足粉丝们的创造精神和分享意愿，调动粉丝对企业微博的积极传播作用。

优势5. 成本较低，效益高

微博营销更加注重线上活动的策划。相对于线下活动而言，它所消耗的人力以及物力成本自然要低得多。微博营销低成本的优势主要体现为以下三点。

表5-20　微博营销成本低的3个体现

成本	具体表现
材料成本低	微博每条信息只允许140字的特点，使得发布每条信息的内容有限，这样每条信息发布前准备的材料也就大大减少
发布成本低	利用微博实现的营销只需要一个好的创意策划案及专门的更新、回复监测人员，且新浪、腾讯、搜狐等微博承载平台均不收取任何费用
传播成本低	每个关注企业的用户都拥有自己的粉丝团，粉丝将企业发布的让自己感兴趣的话题转发，实现信息的"分子式传播"，从而为企业信息宣传赢得不可估量的广告效应

企业若能充分利用微博营销的各项优势，便能以低廉的成本将微博的人气转化为企业声誉的助推器，迅速提升企业美誉度和关注度，从而达到良好的宣传效益。因此，微博营销得到了众多企业品牌的青睐，成为各大企业宣传和营销的新阵地。

微博营销的4个原则

微博是Web2.0时代信息交互的产物。因此，企业在经营微博的过程中，应当遵循网络整合营销的"4I理论"：Interesting（兴趣），Interests（利益），Interaction（互动），Individuality（个性化）。

图5-33　微博营销的4个原则

1 趣味原则：提供趣味化内容

互联网从萌芽到今天的蓬勃，每一个网络产品立足点大多在于"趣味"二字，以幽默的文字、图片和视频展现内容。碎片化时代下的微博更是如此。网民不喜欢太官方的、枯燥无味的话题。缺乏趣味性的微博，乏人问津。没有粉丝关注并转发的企业微博将失去其存在的意义，不再有营销价值。

2 利益原则：微博要有营养、有利

利益是刺激企业微博粉丝的催化剂，能让粉丝们紧紧地追随着你。需要注意的是，这里所说的利益包括物质和精神两个层面。首先，在物质层面上，企业可以选择性地发布一些打折信息、秒杀信息，通过优惠促销活动为粉丝送福利，满足粉丝的物质需求。其次，在精神层面上，企业所发布的微博内容要有营养、有内涵，能给粉丝们带来一定的收获。

3 互动原则：激发用户互动，触动微博网状传播

微博的魅力在于互动，它可以让企业与目标用户通过无线网络进行对话。从对话中，企业可以了解到消费者对企业的评价和好感度，并且在线提供即时的问题反馈。这是传统报纸杂志无法媲美的。互动可以让两端的角色建立关系，可以赋予文字生命，跳跃在企业与用户之间。即时的互动，可以为企业或个人品牌赢得高分。

（1）与楼盘业主互动

线下活动：开盘现场设置微博大屏幕，并设置抽奖环节，鼓励到场人员关注项目官博，并参与大屏幕互动。

线上活动：线上为业主开辟优惠渠道（例如：提供微博报名提前看房、网上售楼处报名有礼品相送等）。

（2）与行业媒体和意见领袖互动

圈定本地知名的媒体和意见领袖，主动互动，实现互粉，并在发布相关内容时@相关微博。

（3）与上下游资源互动

楼盘项目上下游资源指媒介、公关公司、活动公司等。按认证信息搜索其官博、企业领导层个人微博，并积极建立沟通，保持日常互动；借用线下周会、活动机会邀请对方关注。

4 个性原则：高姿态、低身段沟通

个性化的微博有着不可替代性与独特的魅力，可以持续积累粉丝与专注。

微博作为自营媒体，与传统的报纸杂志最大的区别在于它具有生命力。企业要将自身的文化和特色，以个性化的微博语言呈现出来。

虽然以微博营销为典范的社会化媒体营销正在焕发生机，并不断被企业所重视，但是我们需要认识到社会化媒体营销与传统营销的关系。社会化媒体不是传统媒体的终结者，而是它的延伸和补充。

微博营销的 6 个技巧

微博营销最困难的地方，也是最核心的工作是让发出的微博被更多的人看到。只要微博有了更多的人看，就会有更多的人转发和互动，平台就会被更多地曝光，品牌也就得到了推广。围绕着这样的一个思路，如果在微博当中加入用户非常关注的关键词，这个微博是可以被很多人所看到的。

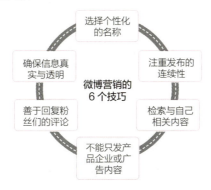

图 5-34　微博营销的 6 个技巧

▶ 1 选择个性化的名称

一个好的微博名称不仅便于用户记忆,也可以取得不错的搜索流量。

企业如果建立微博,准备在微博上进行营销,可以取企业名称、产品名称或者个性名称来作为微博的用户名称。

▶ 2 确保信息真实与透明

举办优惠活动、促销活动时,应当以企业的形式发布,要及时兑现,并公开得奖情况,获得粉丝的信任。

微博上发布的信息要与网站上面一致,并且在微博上及时对活动跟踪报道。

确保活动的持续开展,以吸引更多客户的加入。

▶ 3 注重发布的连续性

微博平台一般对发布信息频率不太做限制,但对于营销来说,微博的热度和关注度来自于微博的可持续话题,要不断制造新的话题、发布与企业相关信息,才可以吸引目标客户的关注。

刚发的信息可能很快被后面的信息覆盖,要想长期吸引客户注意,必定要对微博定期更新,这样才能保证微博的可持续发展。

长期更新有趣、新颖的话题,才有可能被网友转发或评论。

▶ 4 善于回复粉丝们的评论

要积极查看并回复微博上粉丝的评论,被关注的同时也去关注粉丝的动态。

既然是互动,那就得相互动起来,有来才会有往。

如果想获取更多评论,就要用积极的态度去对待评论。回复评论也是对粉丝的一种尊重。

▶ 5 检索与自己相关内容

每个微博平台都会有自己的搜索功能。可以利用该功能对自己已经发布的话题进行搜索,查看一下自己内容的排名榜,与别人微博内容进行对比。

可以看到微博的评论数量、转发次数,以及关键词的提到次数,这样可以了解微博带来的营销效果。

❻ 不能只发产品企业或广告内容

有的微博很直接,天天发布大量产品信息或广告宣传等内容,基本没有自己的特色。这种微博虽然别人知道你是做什么的,但是绝不会加以关注。微博不是单纯广告平台,微博的意义在于信息分享。没兴趣是不会产生互动的。我要注意话题的娱乐性、趣味性、幽默感等。

房地产微博营销的四种模式

目前较为流行和广泛采用的房地产微博营销模式有以下四种。

图 5-35　房地产微博的 4 种模式

▶ 房地产企业官方微博

实名认证的房地产企业官方微博,通常在第一时间发布一些企业的新闻和信息,内容较为正规,旨在树立企业良好的公众形象,提升企业的知名度和群众基础。同时,也是处理危机公关的平台之一。

▶ 房地产企业 CEO 级领袖人物微博

实名认证的房企高管微博,以个人名义注册,其内容可不局限于公司的宣传,如开展一些热点问题的讨论以及生活态度、为人处世的理念阐释等,旨在拉近房企与普通客户之间的距离,于潜移默化中宣传企业的形象和理念,增强企业在行业中的影响力和权威。

第五章 房地产互联网新媒体营销

潘石屹微博

潘石屹作为最早上微博的房产商,在微博上创造了很多"第一"。他是第一批开通微博的开发商,他的企业第一批开通官微,他是最早做"微访谈"的,也是第一个在微博上进行房子拍卖的。

潘石屹的微博话题广泛,对于公共事件关注度高,和微博名人及各行业意见领袖的互动频繁,在微博平台具有非常高的影响力。

潘石屹惯用以下10种营销方法:

①多用疑问句式,引发粉丝讨论;
②用图片的方式晒生活;
③调侃名人朋友;
④放下身段,勇于自嘲和自我娱乐;
⑤适度结合热点、公益事件常态化;
⑥项目推广软植入;
⑦经常回馈粉丝;
⑧多账号运营;
⑨不放过任何炒作的机会;
⑩用于尝试新手段。

❸ 房地产企业楼盘项目微博

实名认证的房企项目微博,主要介绍某个具体楼盘的内容,如前期概念活动的策划、销售活动、促销活动的展开,企业理念的宣传。此类微博的关注群体通常都是潜在客户群体,针对性较强,差异化较为明显,但应该更加注意服务和宣传的细节问题。

❹ 房地产企业客服、公关类微博

主要负责与客户的沟通、处理相关的投诉以及收集各方面的建议和意见,同时辅助开展跨区域的市场宣传活动、企业形象工程等。在危机公关时起到正面引导、缓解负面影响的作用。

【案例1】万达广场情人节微博活动

一、营销背景

万达集团成名于其在全国多个城市成功复制开发的城市综合体项目——万达广场。每个项目都具有较高的商业消费属性，项目发展与当地商业环境、居民认知度和品牌形象塑造等因素相关。

万达集团在微博上拥有的认证账号超过 500 个，包含各地万达广场、酒店、影城、百货等官博。在微博上，万达已经构建起极为完整的微博矩阵，开展微博营销在起点上就领先于其他竞争者，以逸待劳，事半功倍！

2012 年情人节前夕，万达集团开通 @ 万达广场 官方微博。营销诉求为：在 2012 年 2 月 9 日至 2 月 14 日情人节期间，全国 44 个万达广场以线上加线下的互动营销模式，整合全国品牌，制造一场具有持续影响力的全国性事件的品牌营销活动。

二、营销目的

（1）借势情人节，增加节日前后万达广场的线上曝光量和线下客流量；

（2）全国万达广场联动，提升万达广场品牌知名度；

（3）整合各地万达广场官博，快速建立一个以 @ 万达广场 集团官博为中心的微博矩阵。

三、营销策略

采用线上、线下的整合营销方案。线上充分借助微博平台，通过转发送奖形式扩大活动覆盖面，同时逐步提升品牌知名度，并引流人群进行线下消费。线上以"爱的平台"为主题，发起数轮微博大抽奖活动，线下联合旗下各大主力店以"爱的汇聚"为主题，发起各类情人节营销活动。

1. 线上活动

120 部 iPhone 免费送：关注 @ 万达广场 并转发活动微博，即有机会获得 2 月 14 日分 12 次送出的 120 部 iPhone4S。活动同时还每日送出 1000 份万达影城双人情侣套票。

每日转发抽奖活动：关注 @ 万达广场 并转发微电影视频微博，即有机会获得每日 2 份马尔代夫双人往返机票及情人节当天送出的 39999 元日本冲绳岛婚礼产品 1 份。

2. 线下活动

情人节浓情有约活动：分为全城热恋为爱告白、百万玫瑰为爱传情、爱情仙子甜蜜相伴、情人节相亲狂欢大派对、趣味爱情运动会、情人节爱情婚纱秀场等多种形式的活动。

情人节优惠有约活动：2 月 14 日，万达广场主力店联合推出优惠活动，百货、步行街服装、服饰情人节特别促销，2 月 14 日当天于广场内购买服装、饰品类商品均送礼品。万达影城、万达百货、大玩家电玩城、大歌星KTV、沃尔玛、国美电器、万达广场内部众多商户，全部参与了此次活动。

3.通过多种类的媒体渠道扩散宣传

总部推广：包括新浪微博活动首页专题推广、门户网站、论坛、QQ群、统一海报等。

地方推广：报刊、电台、网络、各地官方微博、广场内部LED大屏同步宣传。

四、营销效果

1.快速聚集意向用户

2012年2月9日至2月14日，@万达广场 粉丝新增54万人，各地万达广场微博粉丝总共增加36万，整个活动的参与人数超173万人次。万达广场官方微博创造了同期官博转发、评论量第一的纪录。6天时间，总转发量2692141条，评论量819615条。万达广场博文曝光量2～3月份出现剧增势头。活动之后的数月，博文曝光量在100万次/天以上。

2.@万达广场 官博影响力剧增

万达广场官方微博连续6天在新浪微博的全站影响力排名第一。从2月9日微博上线，万达广场官方微博影响力即攀升至800的高点。本轮营销后，万达广场官博影响力进入平稳增长阶段。

3.良好的品牌形象推广

万达广场情人节系列活动，连续占据新浪微博24小时活动热榜榜首，全部活动均入围新浪微活动前两屏，被微博网友戏称为新浪微活动"万达占领周"。以微博为核心的全国跨区域营销试水成功，赢得了较高的品牌知名度、口碑、影响力传播和回报。

【案例2】成都东山国际新城微博售楼

成都东山国际新城的项目官博拥有专门的运维团队，制定出详细的内容、互动、活动策略，对于微博上网友的咨询耐心迅速解答，用有奖活动提升项目关注度，互动中把网友引入线下实现成交，再用微搜索品牌专区导入精准用户，使用网上售楼处实现网上蓄客……环环相扣，一计连一计，利用微博平台，打造出成都微博售楼第一楼盘的品质形象。

一、营销背景

成都东山国际新城（项目微博：@成都一生之城）是位于成都东南龙泉区域的住宅项目，打造的理念是"成都一生之城"。2012年中期项目开盘，需在楼市调控背景下迅速推广项目品牌，并通过微博平台实现蓄客。

二、营销目的

1. 打造成都微博售楼第一楼盘的品质形象。主要通过项目微博的运维及推广，结合微博网上售楼处等 APP 应用推广项目。

2. 通过微博平台，实现线上蓄客，并引导线上意向购房者走进售楼处，促进销售。

三、营销策略

1. 项目对官博的定位清晰，并且拥有专业的运维团队

（1）项目客群与微博人群重合度高

项目定价 5800 元 / 平方米，客群定位于 25～35 岁之间的刚需族，这与微博用户的人群结构非常吻合。

（2）制定了详细的内容、互动、活动策略

项目运维团队制定了详细的运维策略，包括什么时候发微博，哪个时段发什么类型的微博，微博的语言应该怎么把握，微活动怎么做，如何在微博上寻找意向客户，对网友的询问如何回复等，都有非常详细的规划。

（3）官博拥有专门的运维团队

官博运维团队由项目副总亲自带队，多个部门员工参与决策，且执行力高，对于官博运维的各个策略能够完全、快速地执行。

（4）互动积极，对于网友咨询耐心迅速解答

官博运维团队与网友互动积极，对于网友的咨询和提问能够做到迅速、及时解答。并且主动走出去搜索与项目相关的微博，给以适时的回应，极大地提升了项目本身在微博博友群体中的亲和力和认可度。

（5）主动搜索目标客户

官博运维团队有意识地通过"关键字"、"标签"搜索可能对项目感兴趣的当地博友，通过关注、私信、评论等方式与他们建立联系，挖掘潜在客户，提升项目知名度。

（6）建立项目微博矩阵

项目从高管到所有营销部人员均开通微博，建立了小型微博矩阵。微博矩阵是对官博的有力补充，使得项目的最新动态能更快更全面地到达网友。

2. 线上线下结合，达成最大成交率

（1）有奖活动提升项目关注度

为增加人气，项目官博策划了一系列有奖送礼活动。配合定制的企业版微博及联合新浪乐居发起的一系列推广活动，项目曝光率高。

（2）互动中把网友引入线下实现成交

官博在与网友互动中，有意识地引导网友到达项目现场，逐步实现线上到线下的转化，实现成交。

（3）鼓励现场客户开通微博并关注项目官博

对任何到达现场的客户，鼓励其开通微博，并关注项目官博。保证项目动态能第一时间到达客户，且提升项目官博的影响力。

（4）充分拓展业内资源，提升项目的业内口碑

与本地行业意见领袖实现互粉，并积极转发评论其微博，打造良好业内口碑。

3. 乐居微房产产品助力

（1）微搜索品牌专区导入精准用户

项目第一时间开通微博搜索品牌专区，使得博友在微博搜索项目时，首先看到项目的售价、位置、楼盘详情页等信息，为项目官博导入精准用户。

（2）使用网上售楼处实现网上蓄客

安装新浪乐居专为项目开发的APP-微博售楼处。微博售楼处拥有强大的楼盘信息展示、预约看房等功能，成功为项目实现线上蓄客。

（3）新浪乐居官博矩阵推广

项目在进行一系列推广时，借势新浪乐居的成熟官博矩阵，到达了更多微博人群。

四、营销效果

1. 据成都东山国际新城数据统计，通过微博达成购房金额达5000万元以上。售出的各类户型都是网友在其项目微博上评论、留言、私信咨询，然后微博客服耐心解答，最后网友再到项目现场成交的。

2. 成都东山国际新城的微博行为也激发起网友在微博上对其的关注。6、7、8月份账号博文曝光量呈现增长走势。

房地产活动营销

"活动营销"是房地产营销体系中最重要的一种形式和环节。一个楼盘销售可以不做广告,但决不能不做活动。尤其是对陌生区域的楼盘,"活动营销"几乎是吸引人气、积累客户的不二之选。

第一节

房地产活动营销策划

房地产活动营销,是基于其产品营销的独特性、销售的艰巨性而去创造更强烈高效的"信息传递"的一种手段,最终目的是为实现楼盘销售的短时间、高效率。

房地产活动营销的3个目标

房地产项目在准备营销活动方案之前,最重要的是确定本次活动要达到的目标,然后再根据不同的目的策划、部署不同类型的营销活动。

开展房地产营销活动的目的主要有以下3个。

图6-1 房地产活动营销的3个目的

▶ 目标1. 制造新闻

在项目亮相的起始阶段,通过制造新闻事件以扩大项目的知名度,拔高项目的形象,提升项目的宣传调性。这个阶段的营销活动是以制造新闻事件、扩大项目知名度为目的的,也称为"事件营销"。

保利广东董事长余英派送 10 万只茶叶蛋

2014年3月,"大陆人吃不起茶叶蛋"的段子在网上火了一把。3月25日,保利董事长余英发了一则微博:"我准备自费买10万个茶叶蛋,在珠江新城的花城广场免费派送,一人一个,台湾同胞特惠,一人两个!"

随后余英表示,将于3月28日在保利中心、克洛维门口、花城广场、番禺山姆会员店、保利大都汇等地点派出10万只茶叶蛋。消息一发出,马上迎来一片围观。众官方微博、媒体微博都在应和,不断为余英和保利的"茶叶蛋"造势,有质疑余英派蛋只是噱头,有分析要派10万个蛋的数据,也有调侃余英炫富成功……但不论如何,这已达到了预热的效果。到了3月27日下午,造势已经到达顶峰,关于余英要派茶叶蛋的微博,就有1万多条。

3月28日上午8点半,余英携茶叶蛋如期出现在珠江新城花城广场。现场可以看到很多"扫二维码送茶叶蛋"的宣传画报,每个茶叶蛋的包装都有项目的广告。保利派茶叶蛋,背后是保利大都汇的开盘销售。该项目位于汉溪长隆,主打30~67平方米精装公寓,消费人群正好是CBD的白领。茶叶蛋对在附近工作的白领来说,是一份营养早餐,接地气,大家愿意领,也乐意分享。这种营销模式不仅新鲜,且借助手机客户终端,很容易在微博、微信朋友圈等中间传播开来。余英在现场派蛋的同时也不忘宣传项目。据统计,这个阶段,关于余英的实时微博有899条。

有媒体算过账,10万个茶叶蛋,成本不到6万元,但通过茶叶蛋,保利短时间内就能获取近10万潜在客户数据。

❷ 目标 2. 改变态度

项目建立知名度后,房地产企业要解决的问题是积累客户,并使之改变态度、产生偏好,打造项目美誉度。尤其是先天有缺陷,如地理位置较偏远的项目,要解决现场人气不足、消除客户抗性、增强吸引力,这都需要"活动营销"。

❸ 目标 3. 达成销售

项目建立知名度、美誉度,最终都是为了达成销售。项目积累起一批意向客户后,房地产企业就要开始消化,最终将意向客户转变为现实客户。企业在重大营销节点上开展的"活动营销",说到底还是为了最终的销售目标。

房地产活动营销的 6 种常见手法

房地产活动营销有以下 6 种常见手法。

图 6-2　房地产活动营销的 6 种常见手法

▶ 活动 1. 产品说明会

产品说明会的目的是通过一个互动性很强的说明会，开发商、建筑师、景观师、合作商家等轮番上台，对房地产产品进行全方位的演讲，把楼盘中的细节、配套、理念传达给业主和意向客户。

××产品说明会方案

一、活动目的

1. 意向金收取后，通过宣传××的先进建设理念，进一步确定客户意向，保持客户的忠诚度。
2. 如预售证办理成功后，可利用此契机排查客户意向，或直接进行开盘。
3. 通过一些合作单位对设计理念、工程理念等的宣讲，进一步提升项目品质与形象。

二、活动时间地点

时间：预计 5 月 1 日或 3 日。
地点：市内某五星级酒店宴会厅。

三、活动内容

①开场表演；
②公司领导讲话；
③工程部、设计部相关合作方宣讲；

④营销部领导宣讲；
⑤抽奖；
⑥餐点供应、饮品供应等；
⑦表演持续；
⑧如预售证办理成功，当天升级或交定金选房号。

四、活动流程

①客户邀约

主要邀约以排号客户为主，同时邀约意向较强但尚未办卡客户到场。通知时请让意向客户带好自己的身份证和现金或存单、排号卡。如升级或选房继续，办卡客户需带好意向顺序表、身份证、可刷出升级金额的银行卡；意向客户同样带身份证及可刷出升级金额的银行卡。

②客户到访、签到

宴会厅门厅处设置签到处，根据客户的排号次序分组进行签到，并填写抽奖卡。时间：8：30开始签到。

需要物料、人员：客户签到表、客户签到指引水牌、抽奖卡、抽奖箱；签到人员3个左右，维持秩序保安3～5个。

③客户入场

屏幕一直循环播放3D片。

④说明会正式开始

9：00主持人宣布，开场表演开始，震撼有气势，预示着好兆头；开场表演大概15分钟左右。

⑤领导讲话

约9：15分，主持人请出××领导讲话，致欢迎词，并宣讲××的人文理念；时间大概30分钟。

⑥工程方面理念讲解

9：50分，主持人上台，请出工程部合作方，根据需要播放幻灯。主要讲解工程方面的理念以及××二、三期使用的高档材料能为客户带来的居住感受。时间大概30分钟。

⑦设计理念讲解

10：20，主持人上台，请出设计部门合作方，根据需要播放幻灯。主要讲解设计理念以及××二、三期设计风格的领先性、这种设计能为客户带来什么样的益处。时间大概30分钟。

⑧物业服务理念宣告

10：50左右，物业领导上台宣告服务理念等。约10～15分钟。

⑨表演

11：10左右，主持人上台，介绍表演者，并宣告抽奖箱拿到舞台，继续表演，大概10分钟。

⑩抽奖

幸运客户10名（如直接升级或选房，时间延迟，抽奖每时段5名，并设置奖品梯度）。

注：如合作单位演讲者为外籍，需要提前准备翻译人员。

以下内容为继续升级或选房的流程。

⑪简餐

11：00，宴会厅一角或门厅处开始准备简餐，供客户使用。

⑫叫号

第一次抽奖结束，主持人叫客户顺序号，客户凭号进入 VIP 区。

⑬填写意向书或选房

如只升级，客户刷卡，重新填写意向书；如选房客户到选房区选房，根据当时销控，客户选房时间在半分钟内，选房后及时刷卡，填写订单。

需要物料及人员：意向书（如选房，销控板、订单）；POS 机；签单桌椅；维持秩序保安 5 人，检查客户顺序单 2 人，POS 机处银行或财务人员 3 人，意向书填写或订单填写人员 2 人，复印材料人员 2 人；如选房，贴销控 2 人。

⑭继续表演

在选房等待过程中表演持续进行，避免客户等待不耐烦。

⑮定时抽奖

每隔一小时或一段时间，进行现场客户抽奖，鼓励客户继续等待。

五、宴会厅包装

①沿用法式或欧式宫廷风格，现场四周多用一些纱幔调节气氛；
②礼仪均穿着宫廷服饰。

六、推广配合

①企业广告短信发布；电话邀约；报纸广告；网络媒体传播；
②提前在主流媒体宣传说明会时间、地点；如开盘或升级，更应将主流媒体全部铺盖。

七、物料及人员需求表

表 6-1　物料及人员需求表

工作项目	内容	数量	工作内容	人员安排
签到处	签到单	3～5 组	根据客户排序号将名单全部打出	3～5 人
	客户签到指引牌	3～5 组	内容如"1～100 号客户在此签到"	—
	抽奖卡与抽奖箱	500 张，1 个	签到后填写抽奖卡	签到人员办理
	维持秩序（保安）	—	保安维持，并确保客户将奖券投入抽奖箱	3～5 人

续表

工作项目	内容	数量	工作内容	人员安排
活动现场	开场表演	10分钟左右	—	—
	主持人	1人	也可以是工作人员	1人
	3D片	1人	光碟	—
	音响、播放设备等	1套	音响师	2人
	宣讲人员	3~5人	营销领导、工程、设计、物业等相关合作单位负责人等，可能会有翻译人员	—
后台	销控	1人	客户选择，工作人员将已售房源贴销控	2人
	签单、选房引导	—	所有销售代表	—
	刷卡、开单人员	3~5人	银行、财务	3~5人
	认购书或意向书	500人	工作人员流水线填写	2人
	复印身份证等资料	2人	工作人员	2人
餐点区	桌椅和餐点	—	中午时段供应	—
	饮品和餐具	—	—	—
等待区	表演	至少3组	穿插表演	—
	答疑的工作人员	2人	等待客户情绪安抚、答疑	2人
其他物料	流程公示牌	1人	—	—
	楼书、户型单页等资料	—	供客户取用	—

八、时间节点

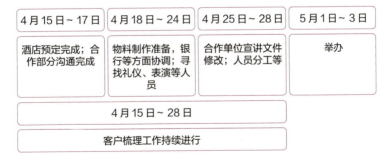

2 活动 2. 客户体验活动

房地产项目营销中的体验活动涵盖从产品设计到营销推广整个过程的每一个环节，是整个营销的过程中围绕购房者这个中心来设计推广策略的营销方法，如样板间试住、业主联谊会、民俗风情节等。

活动 3. 组织展览活动

分常规展览（如各地假日大型房展会）和特色展览（结合楼盘特质、属地、属性举办如摄影、奢侈品等相关展览）两大类。前者通常更多地承担楼盘亮相、累计客户和促进销售作用，后者则常常是对楼盘的定位、形象的最大支撑。

活动 4. 客户会组织

客户会在维系老客户、开发新客户、推广品牌和文化、帮助企业改进产品和服务、抵制竞争者等方面已经发挥了重要作用，初步形成消费者、商家、发展商三者共赢的局面。

在目前的房地产行业，楼盘销售依靠老客户的"以旧带新"，即用老客户挖掘新客户，已经是房地产营销中的重要而非常有效的手段。

1998 年，万科地产就曾借鉴香港新鸿基地产"新地会"的概念，率先在国内成立了"万客会"。随后，中海地产、合生创展、华润置地等知名地产商都逐渐成立了自己的客户会。迄今为止，如万科的"万客会"、中海的"海都会"、金地的"家天下"、招商的"招商会"、华侨城的"侨城会"、合生创展的"合生会"、华润置地的"置地会"、复地的"复地会"、万达的"万达会"等，都是房地产行业内运作得比较好的客户服务组织。

（1）客户会对房地产营销的 4 个作用

客户会对房地产营销有以下 4 个作用。

图 6-3 客户会对房地产营销的 4 个作用

①降低旗下楼盘的营销成本

通过社区活动、会刊、网站等途径，客户会紧密联系了一批老客户。而维系老客户的主要目的，一是利用其口碑传播作用，向其周边亲密人群免费推广产品；二是促进老客户的重复购买行为；三是便于了解老客户对项目的建议和意见，进一步改进项目质量和销售策略。

②强化和传递企业品牌的内在价值

房地产行业利用媒体的广泛传播只能提高品牌的认知度，真正想要提升品牌的美誉度和转化为现实的购买，必需借助于会员组织扎扎实实的工作。

③地产与业主沟通的最合适平台

客户会首先会产生俱乐部效应，让业主沉浸在一种会员情绪中，其乐融融，加入其中能够体验到一种归属感。而通过业主运动会、歌唱比赛、少儿绘画展、游园会等活动，大大拉近了企业与业主、业主与业主之间的关系，使业主对企业和社区产生认同感和亲和感。现代社会人际互动的情感色彩有淡化的趋势，人们有较强烈的孤独感和社会隔离感，而客户会的社区活动无疑能够为业主创造价值，最终也使得业主认同企业的品牌。其次，客户会对业主的投诉有一整套解决流程，可以迅速有效地解决问题，避免矛盾的积累。再次，客户会通过发展联盟商家，为客户提供多方位的超值服务。

④使有用信息顺畅地从企业传递到会员

客户会有效地促使企业更加注重做好产品，搞好楼盘小区的物业管理与服务，更强调要密切与业主的关系；同时提醒企业重视"历史积累"，重视对业主的承诺，重视置业者的居住感受。最终的结果就是提升了企业的品牌价值。

（2）客户会组织常用的营销策略

当前国内标杆企业客户会在基本运作方面存在着这样一些共同点：以有奖积分制度绑定客户，吸引客户的持续关注；定期发行刊物以及互联网站搭建业主与发展商沟通平台；持续的业主活动；特约商家资源整合为业主带来实惠；信息平台构建，多部门客户资源共享。

▶ 活动 5. 商家联盟

房地产是一个需要多兵种协同作战的行业，商家联盟则整合了产品某些方面最优秀的资源，这种联盟有利于弥补地产商自身的许多劣势。也就是说，在与房地产相关的约100多类行业中，精选出每个行业的品牌商家数个，从而为业主编织一个多达数千家的品牌优惠网络，而业主只要出示会员卡便可享有名牌的折扣，使得物业的附加值也得到相应的提升。

商家联盟逐渐成为一种全新的、有望引导行业发展方向的全新运作模式。

活动 6. 聘请代言人

品牌是一种投资。房地产企业聘请形象代言人，从广告目的上说，是为项目或者企业树立品牌形象的一个重要外在表现。明星做产品和项目的形象代言人，对明星和商家而言，乃双赢之举。前者赚钱，后者则借明星形象打造出社会知名度。

请明星的附加效应是光环效应，容易将明星本身的特质迁移到项目上，将大家对明星的喜欢扩大到项目本身上来。反之也是，如果此明星口碑大打折扣，楼盘也会受到影响。因此，在选择明星的时候也要考虑到该明星的气质与楼盘的形象是否匹配。

某项目明星亮相造势活动方案

一、活动主旨

1. 打动高端客户

面向高端客户，明确价值诉求，渲染高端的生活方式，为后续活动的客户参与度打好坚实的基础，为嘉宾营造一个平和、舒适的交流平台。

通过活动，将品牌内涵与项目特点潜移默化地传输给客户，给客户留下深刻的印象，刺激客户入会及购买欲望，从而刺激销售。

2. 树立项目品牌

借助高品质的活动，使项目品牌在公众心中树立起高端的形象，给到场来宾和媒体留下深刻的印象，进而形成口碑传播，提升品牌的号召力与影响力，加固品牌的宣传，提升项目的知名度与美誉度。

二、活动概况

活动时间：2012 年 9 月。

活动地点：××营销中心。

活动内容：启动仪式+项目推介+西餐自助。

参与人群：100 组意向客户。

三、活动流程

表 6-2　活动流程安排

时间	内容	备注
12:00～12:30	嘉宾签到	背景音乐，餐饮开始提供
12:30～12:40	外场迎宾节目皇家马术表演	背景音乐配合
12:40～12:50	嘉宾随缤纷大游行队伍参观园区	背景音乐配合
12:50～13:30	嘉宾进入内场电子触摸题名留影	背景音乐（竖琴迎宾）屏幕播放项目视频
13:30～13:35	欧美籍乐队暖场	演奏披头士音乐，大屏幕播放相应内容
13:35～13:40	主持人开场，介绍来宾	大屏幕播放活动主画面
13:40～13:43	领导讲话	大屏幕播放活动主画面
13:43～13:50	明星出场，演唱歌曲	大屏幕播放相应内容
13:50～13:55	激光启动仪式	全场灯光暗，白天使用遮光帘屏幕配合效果
13:55～14:00	第一轮抽奖	人脸识别系统为嘉宾发放礼品
14:00～14:10	帽子秀（项目推介）	背景音乐，大屏幕播放项目相关视频
14:10～14:15	第二轮抽奖	号码滚动抽取，背景音乐配合
14:15～14:20	光影秀	现场灯光暗，背景音乐配合，大屏幕配合
14:20～14:25	第三轮抽奖	人脸识别系统抽取为嘉宾发放礼品
14:25～14:30	外场燃放冷焰火或彩烟	整场活动结束

四、活动主要环节

1. 皇家马术表演

皇家温莎马秀是英联邦最大的户外骑术展示，每年五月，都会在背靠温莎城堡的家族公园举行。在五天的时间里，温莎马秀提供了最好的马术娱乐和竞技，其中有选美马展示、盛装舞步及令人兴奋的障碍赛、华丽的皇家卫队、激动人心的小型 Pony 马游戏以及马拉车赛。

2. 缤纷大游行

始于 1987 年的英国新年大游行，每年都会有数以万计的表演者参与游行表演，吸引数十万观众观看。新年大游行已经成为英国一大文化标志，为全世界人们喜闻乐见。

3. 光影感应提、题名板

4. 香水竖琴迎宾

5. 外籍乐队演奏"英式软摇滚"

6. 明星助阵

7. 激光启动仪式

①现场设置一个水晶球，内部悬浮一个微缩项目模型；

②当每位领导用手触摸球的同时，都会有一束激光从背景处发射到球上；

③随着所有人将手放到球上，同时水晶球内部微缩项目模型发光，完成启动仪式。

8. "女士日 The Ladies Day" 帽子秀

再现"女士日 The Ladies Day"，以造型各异的帽子对应项目特色，打造更加生动绚丽、吸引眼球的项目推介模式。

9. 光影舞蹈

炫目的光影舞蹈，展现项目高端奢华的品牌气质。

10. 烟火狂欢

外场冷焰火燃放，进一步烘托出项目亮相这一节日般的日子的喜庆氛围。

11. 贵族式专属服务

五、氛围包装

案场以大量白玫瑰装点各处。玫瑰为英国国花，而白玫瑰则是英国皇室的象征。以大量白玫瑰装点案场，既切合项目特点，又彰显项目品位，高贵、优雅又充满浪漫情怀。

六、宣传方案

通过官方微博发布活动过程，并与微博进行互动，扩大活动的影响力。活动结束后，通过与社会名流的社会口碑与媒体记者的实况报道，辅助相应的软文及照片。

进一步为项目造势，提升项目的知名度和美誉度，刺激潜在客户，扩大客户基数。

图 6-4　宣传流程

七、效果预估

①借助明星效应，快速提升品牌的知名度与影响力；

②利用明星的号召力，强烈吸引顾客眼球，实现借力使力，提升销量；

③如果明星选择得当，比如，恰恰是自己产品目标顾客群的偶像，可以实现口碑相传效果；

④策划得当，能够实现大投入、大回报；

⑤活动后对客户进行跟踪回访，并挖掘其身边潜在客户。

八、工作分工

甲方：方案审核、参会领导名单、媒体邀请、场地协调、停车安排等。

乙方：方案策划及撰写、物料制作及采购、场地舞台搭建布置、现场执行等。

表6-3 应急小组工作职责

应急小组	应急小组人员配备及职责
总指挥	为应急计划配备足够的人、物等，综合考虑各种可能情况。负责对紧急情况做出反应，批准各项应急预案的启动和终止，是应急中心的最高指挥
现场指挥	保证应急行动的实施，负责现场人员、物质的组织和调度，向总指挥汇报情况。根据事故情况及时向当地有关部门求救，并保持通讯畅通
天气应急组	负责观察、检测天气情况，对于恶劣天气有预见性，并及时向组委会汇报。如在活动进行中，发生雨雪冰冻等不可抗力因素时，本小组进行现场的人员调度、指挥、协调等工作，确保领导明星安全、物资安全，尽量减少天气带来的各项损失
电力应急组	发布会期间，负责保障供电、应急供电等，在有大型用电设备时，须提前向相关部门申请电力设施。对电力补救要有预见性、调度性，避免损失

房地产活动营销执行策略

"活动营销"的形式是"活动"，其目的是为了实现销售。再热闹、再成功的活动，如果对销售没有帮助，就不是一次成功的活动。因此，活动执行策略的针对性非常重要。

房地产活动营销执行有以下3个注意点。

图6-5 房地产活动营销执行的3个注意点

1 选择活动营销时间

关于举办活动的时间选择，房地产企业需要研究两个问题：一是在哪一天举办活动，二是在一天的具体哪个时间段举办活动。

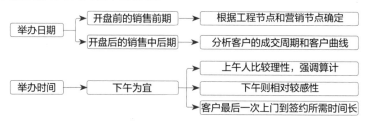

图 6-6　企业活动的时间策略

（1）确定举办日期

在哪一天举办活动也要分两种情况：

①开盘前的销售前期，这个时候的活动主要根据工程节点和营销节点确定，基本比较容易；

②开盘后的销售中后期，要确定活动时间，关键的技术要点是分析客户的成交周期和客户曲线。

成交周期

就是从客户第一次进线（电话热线打进来的客户）或到访起，算到最后成交的时间周期，按通常情况来说是半个月。取一段时间，如上两个月的成交客户样本进行统计，取多数客户的成交周期为参照。

客户曲线

知道客户的成交周期后，还需要分析上段时间的客户曲线，包括成交曲线、进线曲线、上门量曲线。

企业所记录的客户成交量往往会以一条曲线的形式呈现，有波峰、波谷。其中，波峰是客户成交量最大的时间。企业如果在这个时候紧跟着继续做活动，成交效果肯定不好。因为客户也需要一个休养生息、慢慢积累的阶段，这中间往往要间隔一到两个成交周期。

距离上次成交的波峰有一两个成交周期的间隔，且客户进线和上门量有一定的积累，表明在这个时间内举办营销活动时机最成熟。

（2）确定举办时间

基本确定活动日期后，具体选择什么时间段举办活动也大有学问。其技术要点是分析客户的具体成交时间。

对于房地产销售来说，由于每个地方的具体项目不同，举行活动之前，须对以前的客户成交时间做出统计研究，才能挑选出一个最合适的活动时间。

一般来说，房地产成交的时间大多在下午，营销活动也放在下午为宜。一方面是根据心理学原理，上午人比较理性，强调算计；下午则相对较感性。另一方面，房地产销售属于大宗买卖，客户考虑的时间相对较长。一般来说，从客户最后一次上门到签约，所需要的时间至少要三、四个小时，而上午时间相对较短。因此，选择在下午时段开展比较合适。

当然，如果是仪式或具有象征意义的活动，如奠基、开盘等，则须选择在上午举行。其他的选择下午时段为最佳。

▶ 影响活动营销效果的 5 个群体

从传播学角度上讲，"意见领袖"在大众传播效果的形成过程中起着重要的中介作用。在营销活动中，任务策略的首要目标便是影响消费者的"意见领袖"。

企业的营销策划活动应重点关注群体有以下 5 个。

图 6-7　影响活动营销的 5 个群体

（1）业内人士

房地产界流行一个说法是"同行即大客户"。确实，专业人士往往是其亲朋圈中的意见领袖，他们的意见最有权威性和说服力。因此，开展"业内推广"活动很有必要。

活动方式

比如深圳，很多楼盘，尤其是豪宅，销售时会特地安排"阳光接待大使"（即业内人士接待专员），专门为业内参观人士提供咨询服务。除此之外，开发商还提供项目宣传资料给予代理商、广告公司、建筑设计单位、园林设计单位等相关合作公司。

比如广州的星河湾，曾创下了开盘一个月，业内上门参观者超过二十万人的神话，对其项目的口碑和销售起到了巨大的拉动作用。

（2）焦点客户

所谓"焦点客户"是指影响力大、交友面广、购买力强的典型目标客户。他们在自己的圈子中具有比较大的影响力，打动他们就等于打动了一个圈子，从而轻松实现客户圈子里的"链式传播"。

活动方式

深圳熙园在项目推广时，就专门举办了一系列的"焦点客户访谈"活动，因而取得了良好的经济效益。

（3）大众媒体

一次成功的营销活动要讲究"余音绕梁，三日不绝"。活动过后的媒体报道与放大也相当重要。媒体的引入能够营造项目的销售气势，扩大项目的影响范围。

活动方式

在组织活动之前，媒体的邀请以及新闻通稿的准备必不可少。

（4）儿童

儿童是客户中最不可忽视的群体。他们往往是第一个向家长表达自己意见的群体，在一定程度上能够影响家长的决策。

活动方式

开发商在策划活动的时候，有必要为他们准备一些小礼物，如小金鱼、漫画书、小玩具等，以备在一入场的时候就赠送给他们。

（5）领导

领导在活动中往往具有仪式和象征意义。

活动方式

在组织活动之前,必须提前就预约好领导的日程安排。

❸ 活动营销的两个展示要点

一场没有展示的活动可以说效果已经失去了一半。在房地产营销中,"眼见为实"是一个颠扑不破的真理,把项目卖点真实地展现出来,比做一百次宣传都要有效得多。

活动的展示主要分为两种类型,软展示以及硬展示。

图 6-8　活动营销的两个展示要点

(1)软展示

软展示是在项目已有硬件的基础上展示未来的生活方式。

广州星河湾在开盘当天,为了突出它的"水生活"卖点,特地买来上万条锦鲤在园内溪流里畅游,并开放游泳池让男女老少尽情嬉戏,创造了脍炙人口的佳话。

万科更是擅长展示生活的营销高手。天津万科东丽湖项目所展示的"烧烤夫妻"、"瑜伽妈妈与孩子"等生活场景,都给客户塑造了一种完美的生活方式。

(2)硬展示

展示的第二项是硬展示,即需要项目硬件的配合,包括项目的外围导视、场地装饰、看楼通道、清水房、工法样板房、精装样板房等。

上述工作需要营销部门以外的工程、制作公司方面去完成。执行中往往会出现这些部门的工作进度滞后于营销节点,或完成内容不合乎要求等情况。这时,房地产企业常用的管理辅助工具是"工程检查日志"。

主管领导每天检查完工作情况后,便在"工程检查日志"上填写相关执行部门的工作进度,以确保各项工作的开展与营销节点相对应。

楼盘各销售周期活动营销要点

楼盘销售可分为 8 个阶段，每个阶段的营销要点如下。

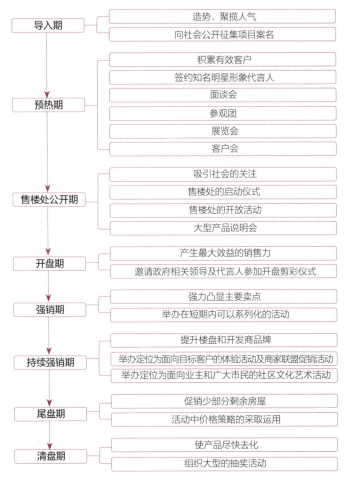

图 6-9　楼盘各销售周期活动营销要点

▶ 阶段 1. 导入期：造势、聚揽人气

作为活动营销的初期信息传播，重点在引起消费者的好奇与期待，吸引购买者的注目和行动。因此，活动目标应定为"造势、聚揽人气"，活动参与者应定位为以目标客户为主，

面向广大市民，活动形式多种多样，但都要求具有轰动性。

可以采取的营销手段是向社会公开征集项目案名等。

▶ 阶段 2. 预热期：积累有效客户

为达到迅速进行市场告知，积累有效客户，唤醒潜在客户的目的，地产项目的营销活动会由最初导入期大张旗鼓的宣传转变为地面营销活动的形式。

可以采取的营销手段有：签约具有一定知名度的明星形象代言人，或采用面谈会、参观团、展览会、客户会等方式来预热楼盘。

▶ 阶段 3. 售楼处公开期：吸引社会的关注

售楼处是一个产品形象和公司形象的窗口。建立一个售楼处，标志着一个新楼盘的崛起。所以，售楼处的启动和开放必须要有重大的活动支撑。

为吸引社会的关注，可采取的手段有：售楼处的启动仪式、售楼处的开放活动、大型产品说明会。

▶ 阶段 4. 开盘期：产生最大效益的销售力

楼盘被正式推向市场后，其活动营销策划的主要目的转变为产生最大效益的"销售力"。活动目标也定位为展示楼盘特色品质，打造社区文化；活动参与者应具有针对性，应定位为业主和目标客户；活动形式可定位在社区内会所或售楼部或园林景观带等场所内进行的文化艺术活动。

可以采用的营销手段是：邀请政府相关领导及代言人参加开盘剪彩仪式，引起社会及媒体的关注。

▶ 阶段 5. 强销期：强力凸显主要卖点

为公开期后的续销行为，也是销售目标量最大的时期。考虑到形象的初步树立，这一阶段的主要任务就是强力凸显主要卖点，丰富支撑品牌的形象。活动营销目的在于如何点燃消费者的购房置业热情，加快楼盘的销售进度。

此期间往往是多种营销方式结合的组合营销，可以采取的营销手段可以是在短期内可以系列化举办的活动等。

阶段6. 持续强销期：提升楼盘和开发商品牌

在销售持续期，活动营销一方面要为项目销售服务，另一方面是为了提升楼盘品牌和开发商品牌服务。

可以采取的营销手段是：一方面可采取定位为面向目标客户的体验活动及商家联盟促销活动，另一方面可采取定位为面向业主和广大市民的社区文化艺术活动。

阶段7. 尾盘期：促销少部分剩余房屋

指在楼盘中已进入销售最后阶段的少部分剩余房屋，由于位置、面积等原因制约，影响销售尾盘促销的主要方式是降价或通过赠送等活动来变相降价。

可以采取的营销手段是活动中价格策略的采取、运用等。

阶段8. 清盘期：使产品尽快去化

在销售最末期，为使产品尽快去化。

可以采取的营销手段是：组织大型的抽奖活动，送大礼，有针对性的直销活动，对知名企业和厂家进行一对一的专人推广。同时，提供形式、价格上的优惠，吸引企业购房做福利房。

某项目七夕活动策划方案

一、活动名称

××项目"穿越七夕夜，恋爱旧时光"主题晚会。

二、活动目的

①在这样一个浪漫的日子里，我们以实际行动送上真诚的祝福，愿天下有情人终成眷属，白头偕老，美满幸福；

②给客户一个传达爱、表现爱的机会，传递××项目的情感关怀；

③借活动提高销售现场人气，提升××项目的品牌知名度和美誉度；

④挖掘潜在客户目标，促进案场销售。

三、宣传文案

当时间将最初的炽烈爱恋沉淀，

当柴米油盐将曾经的激情磨平，

当我们逐渐习惯身边有 TA 的日子，习惯彼此依靠、彼此生活，

你，是否还记得当初恋爱的模样？

你有多久没有与 TA 一起仰望星空？

这个火热的夏天，当所有的一切皆成为习惯，别忘了 TA 还爱着你！

让我们一起来说说蕴含在点滴生活中 TA 的浓浓爱意！

四、活动时间

1.活动日期：2012 年 8 月 23 日

意义：8 月 23 日是农历七月初七，即中国传统的七巧节，是一个关于亲情、爱情的节日；借此佳节为由头，举办客户答谢会。

2.活动时段：18:00～20:00

意义：夏季气温炎热，夜晚活动能更好地争取到客户参加。

五、活动地点

活动的地点放在销售现场，主要需考虑宣传和展示的需要。

项目早已现房交付、园林实景呈现，是上佳活动场所。

六、活动流程

表 6-4　城开御园七夕活动流程

序号	活动章节	活动内容	主要工作
1	入场签到	所有来宾在签到墙上签到、拍照留念	签到，发放礼品袋（结合音效、灯光配合）
		可领取玫瑰一朵	做好客户接待服务，让客户亲身感受俱乐部客服优质、热情的服务
2	就绪	所有来宾到达指定活动现场入座	做好活动倒计时准备
3	开场白	主持人作开场（约 1～2 分钟）	致词可包含如下内容：致欢迎词、品牌发展历程简介、引入××项目
		集团领导致词（约 3～5 分钟）	

续表

序号	活动章节	活动内容	主要工作
4	节目表演	与七夕有关的歌舞表演	互动游戏与节日表演可穿插进行（为保证活动可执行性，具体节目安排以合作演出单位最后确认为准）
5	互动游戏	心有灵犀	
		爱的默契	
		闯酒关	
		携手并肩	
6	活动结束	主持人宣布活动结束	主办方主要工作人员集体上台欢送来宾

七、场地布置

1. 布置主题：鹊桥美景不夜天

①工作人员可穿上古装，扮演牛郎与织女；

②现场装饰以古代物品为主，比如灯笼、挂珠等；

③以纸鹊、纸鹤、彩带、鲜花、蜡烛香案做装饰材料装饰比赛表演区域；

④以成百上千成串纸鹊、纸鹤串串相连，形成七夕传说中的美景；

⑤鲜花：在场地醒目位置摆放百合花、兰花，仿真绢花亦可；

⑥蜡烛香案：摆放仿古烛台、蜡烛、香案，烘托出乞巧拜星的气氛。

2. 准备中国传统糕点

准备中国传统的糕点和茶水，与活动主题相呼应，充满浓郁古风情韵，材料的搭配充分显示出项目圈层品质，展现出其高档的生活品质。

八、具体创意环节

1. 入场签到

来宾在"爱情信笺"上签到，写下祝福，然后贴在鹊桥上；也可以在此合影留念。

意义：

①独特的签到创意与合影区域的双重组合；

②快速聚集人气，制造宣传话题；

③在签到处合影拍摄照片，可带有城开御园相关信息，可作为目标消费群之间口碑宣传的一种有效载体。

2. 互动游戏

（1）第一关：心有灵犀

游戏规则：游戏中，一人背对屏幕，一人面对屏幕，面对屏幕者用动作表演屏幕所示，也可以用语言提示，但在提示语言中若涉及具体的屏幕所展示的图片或文字，则视为违规；背对屏幕者说出屏幕所示内容，时间一分钟，说出正确的最多的为胜者。

游戏奖励：参与游戏并胜出的情侣可获得情侣电影票 2 张。

（2）第二关：爱的默契

游戏规则：参加的情侣每人发 2 个小黑板，根据主持人提出的关于对方的问题，在各自的黑板上写下答案。揭晓后，若答案一致的情侣获胜。

游戏奖励：参与游戏并胜出的情侣可获得御豪大酒店豪华夫妻房免费一晚入住券。

（3）第三关：闯酒关

游戏道具：8 个 600 毫升的啤酒和 4 个 500 毫升带有刻度的量杯，4 条布条（用来蒙住眼睛）。

游戏规则：4 对情侣为一组，将 4 对情侣的女士用布条蒙上眼睛，根据男士的指示往量杯里倒酒，在规定时间内量杯的酒最多且不溢出为胜，晋级下场比赛，最后赢出的第一名获得奖励。

游戏奖励：参与游戏并胜出的情侣可获得某某影楼情侣写真免费拍摄券。

（4）第四关：携手并肩

游戏道具：4 张正八开大的纸。

游戏规则：4 对情侣为一组，4 对情侣站在正八开大的纸上，不断将纸对折，看谁站的时间长，而且不出纸外围，就可晋级下场比赛，最后赢出第一名获得奖励。

游戏奖励：参与游戏并胜出的情侣可获得某某 KTV 情侣包厢免费券。

房地产体验活动营销分析

楼盘作为房地产产品，不仅要有功能质量，还要具备能满足使用者视觉、触觉、审美等方面需求的感知质量。

房地产项目举办体验营销，最关键的是要做到两点：一，真正做到研究和考虑购房者看到它、听到它、使用它时所产生的感受；二，更多地关注购房者在购房的前、中、后的全部体验，让购房者可以看到和亲身感受到的，以超越他们的预先设想。

房地产体验营销的两个保证

体验营销的核心观念是，不仅为顾客提供满意的产品和服务，还要为他们创造和提供有价值的体验。房地产体验营销活动应有以下两个因素的保障。

图 6-10　房地产体验营销的两个保证

▶ 因素 1. 客户定位：研究和分析消费者需求

房地产企业体验营销应重视客户的购房因素分析研究，主要是分析不同消费者的现实甚至潜在需求，以发掘出有价值的营销机会。

客户的购房心理是一种很复杂的存在。对消费者来说，物质生活水准达到一定程度，人们购买住宅的目的就变为不仅仅为满足简单居住的要求，更是出于满足心理和情感上的渴求，或是追求某种特殊房地产产品与自我社会身份和内心心理定位的吻合。人们在购房时除了价格等因素外，还更偏好那些能与自我心理需求引起共鸣的产品。

在活动营销中，许多开发商仅为了营销而营销，对客户定位不深入，也不细致，没有应用更多的研究方法去进行消费者心态和消费习惯研究。不做好这个前期工作，后期的营销活动就很难精准，也缺乏针对性，无法真正地拉动销售。

▶ 因素 2. 产品定位：体验营销的保障

楼盘的产品设计前进行深入的市场调查和购房者需求研究的目的是塑造产品的差异化和强调项目定位。在营销推广中，还可以与代理、策划等房地产中介机构交流意见，并及时将信息反馈给产品设计人员，去挖掘、整合自身产品的整体概念，使其从内质到外观及其延伸部分尽可能凸显出自身差异化的特点，使其符合目标客户的心理、情趣，帮助购房者形成或完成某种感兴趣的体验。

做营销，一定要明白一个朴素的道理，没有好的产品，再准确的消费者分析、再有价值的营销机会、再好的包装策划和场景设置，也无法带来的营销体验的成功。

售楼部体验营销设计 4 要点

由于体验营销是一种满足心理需求的产品（服务）的营销活动。因此，房地产所组织的体验营销，就是要创造一种不同寻常的体验场景，来影响购房者决策。

售楼部是房地产体验活动营销的一个重要场地。关于售楼部的体验营销活动设计，应注意以下 4 个要点。

图 6-11　房地产体验活动营销的 4 个要点

要点 1. 售楼处情景设置细节丰富合理

销售现场的情景设置非常重要,它直接影响购房者的最终购买决定。

售楼处的场景设置包括位置选择、售楼处整体形象、产品的档次和风格、内部布局与陈列、内部格调与氛围等。

具体来说,有以下 5 个注意点。

图 6-12 售楼处情景设置的 5 个注意点

(1)选址位置便于购房者往来

售楼处一般选择宽敞、空旷的地形,视野开阔、交通方便,有利于行人行走;最好是有山有水,即使没有,也要人工栽种。当今有很多发展商都非常注重园林景观环境的营造,产品未建,绿化先行。

(2)按照销售流程划分内部功能区

售楼部的内部功能分区必须按照销售动线划分,依据购房者购房行为介入深度而设定,符合销售流程。常规的分为引导区、模型区、洽谈区、休息区、投影区和办公区,条件稍微好点的再设置一个 VIP 区。功能分区的合理性、条理性和便利性,直接影响到购房者参观、购买的心情,不容忽视。

售楼部 12 个常见的功能分区

区域 1:辐射区

辐射区是指售楼部门口辐射的那一片区域。这个区域里的整体氛围、广告、导示系统、停车场会影响来访者认知。

区域 2：迎宾区

售楼部大门入口走进来的那段区域属于迎宾区。迎宾区的设计要视楼盘档次而定。可以设置，也可以不设置。设置的体现热情，不设置的体现尊贵。

区域 3：模型区

楼盘模型区建造并非越大越好。关注点应该放在求精而不求大上。太大显得气质过于土豪。模型建造得太大，也容易让顾客看不清中间部分的模型，有碍于访客了解房子。

区域 4：分户模型区

分户模型会摆在总体模型旁边，展示的多为正在热销的户型。

区域 5：洽谈区

洽谈区是售楼部一个很重要且占地较大的区域。主要功能要满足坐着舒适，体现整体风格。还要注意和消费者消费心理有关的细节问题。

区域 6：展板区

这个区域不做太多说明。它的作用主要是开发商与项目的形象宣传，或者是户型展示，或者是项目主要卖点说明等。

区域 7：建筑材料展示区

建筑材料展示区域可做可不做。有的售楼部即便是设置了建筑材料展示区，观看者也寥寥无几。毕竟从建筑材料展示到施工现场施工，中间还隔着很多不为人知的环节，消费者未必对现场展示的建筑材料保持信任。

区域 8：签约区

签约在楼盘的成交过程中，非常关键。处于这个阶段的顾客，心理非常脆弱，任何一个细小的细节都可能会让顾客的购买行为停止。

区域 9：销控区

销控区是销售氛围和销售节奏的重要体现区。这个区对犹豫不决的购房者影响最大。在售楼部的销控区，都有一面记录楼房销售成交信息的墙，俗称销控表。这个表里会把每一个顾客选房成交后的房号显示出来。这已被卖掉的房号，即是让排队或抽签的客户知道剩余房源信息，体现一种销售过程的透明度，也让给犹豫不决的购房者一个"货源正在快速减少"的信号，让现场热烈气氛上升，促进消费者的购房决断。

区域 10：工作区

这个区域是楼盘销售的接待区，里面设置有接待台、工作台、台后内勤区域等。

区域 11：休闲区

买房看楼是一件很辛苦的事情，售楼部里不应该缺少休息区。好的休闲区能让你和看房者的感情更近一层。比如：设置一个饮品区，有咖啡、果汁、可乐、绿茶、奶茶等自由选择。

区域 12：财务区

财务区的功能尽人皆知，这个区域的设计重在安全。

（3）丰富现场陈列内容

售楼部现场要根据人们对"家"生活的体验和向往做生动的、生活化的、温馨丰富的陈列设计。如摆放漂亮盆栽，舒适惬意的沙发等，让购房者在选择"家"的过程中，体验到亲切、真实、温馨，不知不觉接受体验营销活动多推荐和销售的产品。

（4）利用多种手段展示产品

售楼部的体验营销活动，重点在于控制细节。这里所说的控制细节是指利用多种展示手段全面展示产品特点，突出产品的个性，但要与产品的整体定位统一并结合楼盘的卖点。

表6-5　四类楼盘售楼处装饰要点

楼盘	卖点	售楼部装饰点
小户型楼盘	年轻、活力、个性、张扬、前卫、时尚、另类、浪漫、耳目一新	年轻人为主，符合年轻人口味，活力张扬的颜色，夸张前卫的装饰品，另外在细节上够小资
中档楼盘	简洁大方、自然得体、温馨舒适	温馨、居家，中档楼盘的消费者会自己算账、理性，需要把握好尺度，既不可以小气又不可以浪费
中高档楼盘	稳重、成熟、考究	黑色、咖啡色、银灰为主色调，稳重成熟的基调加上考究的细部设计
高档楼盘	有品位、有格调、有气质、庄重而不浮躁	真正的贵族喜欢把财富隐藏在细节上。装饰细节：油画、大理石铺装、高档设备、古典音乐

（5）室内装修设计体现楼盘气势

室内装修设计风格力争简洁、明快、大气，体现整个楼盘的气势，走进去给人眼前一亮、充满活力和冲劲的感觉。具体来说，就是内部灯光、背景音乐、气味、物品等要和谐一致，空间营造有自由、轻松的感觉。

要点 2. 主题型样板房设计营造"家"的氛围

主题样板房是装饰艺术与房地产销售展示相结合的一种产物。它的特点是：

①根据产品本身特性设计；

②依据目标客户群生活特征，即其设计灵感来源于目标客户的点滴生活经验（体验），而非模式化的根据户型结构所设计的"大众美感"空间；

③整体设计具有非常明确的主题，是一种个性化的样板房。

由此可知，主题性样板房更贴近目标客户，更接近真实的生活，因而也更能引起客户共鸣并打动客户。

在样板房设计上，仍然存在很多开发商坚持"最好"标准：即做样板房要多花钱，看楼通道包装、样板房装修、家具都要最好的，要配备电瓶车、专业设计人员，一套样板房下来，成本至少不下于 30 万元。这么做有用吗？不能说没用，但是从营销的意义和目的上看，此举未必值得。用最小成本达到最大效果是营销的一个准则。一个设计合理、风格别致的样板房，配合适当的标识，增强客户的熟悉感，营造一个真实的居家环境，各个房间布置、摆设，各局部的细节处理，重点是能给客户真正"家"的感觉，这正是对客户最"致命"的诱惑。

宜家卖场的陈列布局及色彩设计

宜家的家具制造，质量未必是最好的，但宜家卖场设计出的整体空间温馨美妙，出自生活实践，也来源于目标客户群即白领人群的生活目标。因此，它们的卖场是真正用自己独特的设计，打动了自己的客户。

一、卖场的陈列布局形式

宜家选择充分利用高处的空间，例如，椅子、沙发、靠垫等会挂到墙面两三米的高度。如此一来，便有效节省了卖场的空间，可以在有限的空间内展示多出两三倍的商品。值得一提的是，宜家在两个电梯之间的空隙里也放满了商品，让顾客乘电梯的时光也不觉得乏味。在电梯的转角处，它会布置一个小房间或者一个小品来展示自己的商品，带给顾客充实丰富的感受。

二、卖场的色彩设计

宜家家居通过不同商品各自独特倾向的色彩语言，顾客更易辨识商品和产生亲近感。这种商品的色彩倾向性，可体现在商品本身及其广告上。宜家应用了这些色彩的规律，对购物环境设计中的色彩搭配、色彩对比等的处理，可以提高零售店铺购物环境的整体效果。

要点 3. 体验式活动重在独特

体验式活动是楼盘项目设计集中而短暂的展示和体验平台，可以让购房者参与进来，如互动游戏、论坛等。这类活动分常规类活动和特殊活动。

常用的促销活动很多，但手段基本千篇一律：打折、抽奖、赠品、产品推介会等。而真正能够影响购房者心理的最终还是那些与产品相关联的、购房者可以动手参与的活动：如全民植树、全体业主砌文化墙等。房地产项目的体验活动设计，必须要将有用的卖点或明确的突破口展示出来，让购房者形成明确而独特的体验才是关键所在。

图 6-13　体验式活动的种类

要点 4. 终端执行服务贵在满意

有调查显示，客户满意度的 50%～75% 来自于服务。购房者购买的不仅是住所，还包括各种相关服务。因此，服务水平直接影响了购房者体验的好坏。销售人员以及企业的其他相关人员，在与购房者接触时都应去创造购房者满意的体验，把一次简单的交易变成一次完美的体验。

房地产体验营销执行的 6 个误区

房地产体验营销的具体执行存在着以下 6 个误区。

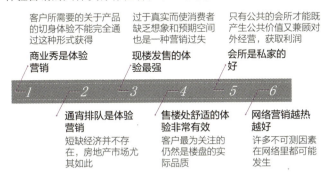

图 6-14　房地产体验营销执行的 6 个误区

误区 1. 商业秀是体验营销

体验营销必须是以客户为直接对象。市场和商场里组织的许多商业秀对消费者来说，仅是一种间接的营销方式。这类活动特点是通过专业表演人员将某种文化气质展现给受众，而客户所需要的关于产品的切身体验却不能完全通过这种形式获得。

误区 2. 通宵排队是体验营销

许多楼盘开盘时，往往会采取排队方式选房。这迫使许多认筹客户不得不连夜排队以使自己选择到满意的房号，许多消费者甚至动用亲友或雇请他人进行排队摇号。开发商和代理商希望借此创造一种楼盘热销、供不应求的场面，以促成客户尽快签订购房合同。其实，目前的中国房地产市场，短缺经济并不存在，房地产市场尤其如此。排队选房所制造的气氛，仅仅是一种心理暗示，尚不能完全让目标客户切身体会到房屋品质的细节和楼盘定位与消费者心理需求的契合度，更难以具体地提升客户对楼盘体验稀缺性认知。

图 6-15　通宵排队的弊端

误区 3. 现楼发售的体验最强

必须指出，体验确实是一种感性的认知过程。现楼体验虽然能给人以全部的事实感，但许多案例表明，现楼的体验往往是尴尬的。许多楼盘在营销推广阶段所营造的概念、气氛场景以及其他期望价值，往往在现楼体验中被忽略。由于过于真实而使消费者缺乏想象和预期空间也是一种营销过失。

误区 4. 售楼处舒适的体验非常有效

从营销的目的上看，在体验式营销中，在不必要的地方过分铺张，是一种非常可惜的浪费。售楼处是一个楼盘的重要门面，适当的装修很有必要。但客户最为关注的仍然是楼盘的实际品质，客户对售楼处的感知仅仅是停留在服务和色彩、风格等一些基本感性层面上。在一些客户感觉不到的层面过分追求是没道理的，只要细节做到位即可。

误区 5. 会所还是私家好

会所是一个公共的交流空间，如为了使项目高尚化而将会所私人化，这是非常错误的做法。只有公共的会所才能在既产生公共价值的同时，又兼顾对外经营，获取利润，这样才能让会所"活起来"，保证会所长期有序的运行。

误区 6. 网络营销越热越好

即便是成功的网络营销也往往过度地提高了业主的期望值，这经常使得业主入住之后产生落差，最后往往对项目认知形成不良印象。

网络是一个非常公共的、大众化的空间，许多不可测因素在网络里都可能发生，一些情绪化的宣泄甚至能给项目带来破坏性影响。如果每个开发商都能像个别业界名人那样，把消费者对项目的"破坏性"评论都当成是一种"加冕"的方式，这就不仅仅是思路问题了。

朗诗绿色街区科技住宅体验活动执行方案

一、科技体验活动目的

①以活动的形式来邀约老客户的再次到访以及新客户的到访,展示项目自身最大的价值点;

②体验现代高科技生活空间,提升客户的感受度,从而促进成交;

③活动当天推出 L2 的 143 一口价房源,以实体样板间的系统开放来带动去化。

二、活动主题

2013 年朗诗绿色街区"高端精装科技住宅"体验活动。

三、活动概述

活动时间:2013 年 11 月 16 日~17 日全天。

活动地点:朗诗绿色街区的售楼部,项目内实体样板间。

活动对象:当天到访客户,未成交老客户,资源新客户,大通二手门店分销客户,成都南光厂客户,大通累积的达州、宜宾、攀枝花、西昌客户。

活动形式:

①氛围布置(内外场形象的重新整理和茶歇安排);

②由销售带领客户到实体样板间体验高科技生活空间;

③现场下定,礼品发放。

四、活动执行细则

1. 活动操作流程

表 6-6 活动操作流程

工作时间	工作内容	主要操作思路
11 月 11 日	确定活动各项内容,活动优惠以及说辞	①确定活动当天优惠政策、说辞及活动方式,以售楼部、公司、二手门店等联动进行电话营销; ②核对目前所剩余所有房源,挑选 5 套价格最低的房源在体验活动当天作一口价销售; ③通过老客户转介绍、到访客户回访、南光厂拆迁客户优惠等三个方式来进行邀约; ④确定拜访的企业名录,联络联系人,并确定上门时间

续表

工作时间	工作内容	主要操作思路
11月12日~11月15日	邀约客户参加周末体验活动	①活动各项信息确认以后,就开始对到访未成交老客户进行梳理,释放活动信息,邀约周末到访; ②对本周落实的新名单资源进行电话访问,释放项目信息以及体验活动内容,邀约周末到访; ③进行大客户拓展,上门拜访企业,由我们的销售进行宣讲,并邀约其参加周末体验活动,并告知以团购的形式可以获取更大优惠
11月16日~11月17日	体验活动当天的现场把控	①活动当天安排音乐和茶歇; ②活动当天现场安排,销售根据轮位原则来接待新客户,进行正常的接待流程讲解以及带领参观实体样板间,体验科技系统; ③老客户到访接待,由原销售带进科技演示间进行再次讲解以及项目信息的疏导,最后带领老客户到实体样板间参观感受科技系统; ④带新老客户体验完实体样板间的科技系统后,安排下单谈判,由销售经理协助催单; ⑤对交定金客户和签单客户进行抽奖
11月18日起	11月18号对参加体验活动很有意向但未下定的客户进行后期跟踪	①对参加体验活动很有意向但是未下定的客户进行后期跟踪,促进成交; ②根据参加体验活动的客户反映的情况,考虑后续的营销策略以及活动推广策略

2. 活动当天销售策略

所有户型均可销售,不同批次房源优惠不同。针对不同客户需求推相应房源,主推L2的143户型,尽可能促进143房源的快速去化。

剩余货量当中,L2的143户型所占比例最高,由于总价较高,所以去化速度也相对较慢。所以,将所剩房源当中选5套价格最低的房源做成一口价,以活动期间做特惠房源推售,以价格差异来拉动去化。

选取5套房源作特惠推售的理由:

①房源不多,跟多数143房源相比,价格确实相对便宜,让客户感到紧张;

②一口价房源多了,就没有稀缺性,而少了没有选择余地;

③让客户有选择房源位置和楼层的余地。

新推一口价房源的价格梳理:

将原有的一次性付款优惠6%和按揭付款优惠4%的价格再减去每平方米享受的500元的优惠做拆分,去掉零头,做成以万元为单位的价格来推出,手里预留1%的优惠和当天下定优惠2万元的优惠作为最后的下定谈判。

3. 体验活动当天优惠政策

①活动当天到场交定金即减2万元现金并且享受额外1%的优惠。

②针对一批次房源一次性付款优惠6%,按揭优惠4%;二批次房源一次性付款优惠5%,按揭优惠3%,当天下定均可额外优惠1%。

③老客户转介绍优惠0.5%，南光厂客户团购优惠0.5%（优惠不可重叠，最多只能享受0.5%）。优惠仅限当天。

④购买L2的143平方米大宅客户，额外再享受每平方米500元优惠。

⑤清水房送空调和新风系统。

⑥当天下定客户均可享受一次抽奖活动。

五、活动工作安排

表6-7 活动工作安排

时间安排	主要事项
11月11日	"精装科技住宅"体验活动方案的审批； 对推出一口价房源的价格审批
11月12日~11月15日	新客户资源名单的确认； 销售人员的说辞培训以及活动当天活动人员安排； 安排销售到企业登门拜访，进行宣传； 销售邀约客户周末到访参加体验活动，并确定到访人数； 体验活动宣传物料的审核、制作以及安排
11月16日~11月17日	安排场外巡展，在项目周边几个项目行销截流； 每个项目分配1~2个兼职人员； 拉动二级市场（宜宾、西昌、攀枝花）的分销且加大活动宣传力度
11月16日~11月17日	新老客户的现场接待，带其参观实体样板间，感受科技空间； 每个置业顾问负责一个接待桌，若等候客户较多，备用接待组提供前期的讲解和带看，催定由项目经理完成

风险控制：如果出现客户过多销售现接待不过来的情况，由场控组负责对客户进行沙盘讲解、科技展览间讲解及带领参观实体样板间等。参观样板间必须确认人数防止拍照。由于老业主的到场看房的积极性高涨，须有甲方保安参与对到访闹事的老业主进行劝导，以防现场出现混乱。

六、物料安排及费用预算

表6-8 物料安排及费用预算

序号	物料名称	物料明细	数量	金额（元）
1	茶歇	饮料、水果、甜点	若干	500
2	礼品准备	抽奖盒子，IPAD MINI一台，充电宝3台，车用吸尘器5台		2500
3	横幅	售楼部外正面和侧面挂横幅	2	200
4	现场布置	X展架（科技展示内容一个，活动优惠一个，项目信息一个）	3	300
共计				3500

七、效果预估

从以往活动到访量看，加上周末行销截流到访人数，预计本次活动到场客户30组以上，老客户成交转化4组，新客户当天下定1组，共计5组。

第三节
房地产展销会营销策略

房地产展销会是房地产营销一种较常用到的工具，它的特点是：一，及时、准确、全面的信息优势；二，短时间内聚集更多的潜在购买者，是销售楼盘的好时机。

展销会一般由政府职能部门、行业协会企业、中介机构组织或专门承办会展活动的企业举办，开发商也可自行组织企业展销会。一般地区一年举行一次或两次房地产展销会，发达地区的房地产展销会甚至会一季度甚至一个月举行一次。

房展会选择的 9 个要点

在每年众多的房展会中，企业必须有选择地参加某个展会。选择展会时主要应考虑如下九个要点。

图 6-16　选择房展会的 9 个要点

要点 1. 房展会召开的时间

房展会开展时间要符合房地产市场的销售周期，更重要的是要适合项目自身已经制定的销售策略，利用房展会起到"旺季加大销售，淡季促进销售"的推进作用。

要点 2. 房展会的目标市场

房展会的目标市场包括其主题定位、目的、观众结构等。企业参展前确定该房展会是否与企业的发展计划相吻合，能否促进企业达到预期的目标。

要点 3. 房展会举办的规模

房展会规模大小直接决定着购房者的关注力度。因此，企业选择参会时在规模选择上要极其慎重。成功的房展会必然具备一定的规模，规模大的房展会可以吸引更多的专业观众，而这正是保证参展商达到参展目的的最主要因素。

要点 4. 房展会的品牌及历史影响

参与房展会也要考察组织单位的两个方面。

（1）房展会的市场品牌

购房也是购物的一种，由于成交金额的庞大，购买者在心理上都希望有一个"品牌"的保证。这是企业重视品牌影响的重要原因。因此，选择有社会影响力、信息量大、人气旺盛、服务到位的房展会品牌，对于企业参展的品牌效益至关重要。

（2）考察其历史影响

即该展会以往的参展商主要有哪些、展会的效果如何等，这些因素都会影响到消费者的购买决策。企业应选择有影响力、知名度高、参展商多且参展商影响力强的房展会。

要点 5. 房展会组织者的能力

房展会的组织筹备和举办是一个庞大的系统工程。从房展会推广、专业观众的邀请、行业活动的组织安排到客户服务等一系列工作，组织者应切实了解参展商需求，才能做出策略性统筹，保障展会的成功举办。因此，企业应尽量选择有影响力、富有经验及对行业的认知度高的组织者。

企业可以从借助房展会对外的招展函、广告以及各项组织计划等方面来评估组织者的策划能力和宣传推广能力。

要点 6. 房展会投入的宣传力度

房地产房展会作为一项社会性质的活动，在宣传方面的力度直接影响着房展会的形象和规模。

效果好的房展会一定会有一个完整的媒体支持体系，覆盖面广，信息及时准确，能够在最短的时间内向购房者提供项目资讯。

要点 7. 展览环境

展览环境主要体现在展馆的位置、交通、面积、场馆设施等多个方面，良好的展览环境也是聚集人气的方式之一。

要点 8. 展览的各类服务质量

展览会的竞争，归根结底是"服务"的竞争。为参展商和购房者提供的服务是否到位，直接关系到房展会的效益。

企业参展房展会，必须认真权衡和考察双方的合理利益，认真审视展会期间的服务内容、工作流程、举办的各类购房讲座的质量、邀请的与会嘉宾影响力、提供贴近式服务的人性化程度等细节层面。

要点 9. 参展的整体费用

在参展费用越来越高的趋势下，企业根据自身的财力在预算内选择适合的房展会。参展的费用不能对企业造成额外的负担，对于开支谨慎的中小企业来讲，更是如此。

展会前的 2 项准备工作

房展会营销能否成功,与房地产企业是否准备充分息息相关。

图 6-17　展会前的准备工作

▶ 工作 1. 市场调研

和开发楼盘一样,房地产企业的房展会组织者参展之前也要做一些调研。调研的主要对象还是消费者。这个时候的调研实际上就是消费者和市场的摸底,看看消费者对房展会有什么期望。开发商也可以向房展会组织者申请要求提供本次房展会的市场调研结果,以便开发商参展筹备更充分、更有针对性,投入的营销成本更加高效。

▶ 工作 2. 媒体宣传

在房展会参展前后,企业除了自己独立做楼盘或者品牌形象宣传之外,还应尽量配合主办方,利用会展会刊、展前快讯、展前媒体宣传等手段来扩大自身影响力,吸引更多的目标客户。

某项目房展会宣传推广计划

表 6-9　报纸广告明细

序号	日期	星期	媒体	形式	价格
1	9月26日	周二	新乡日报	硬广	已付
2	9月28日	周四	新乡日报	硬广	

表6-10 夹报和直投广告明细

序号	日期	星期	投放媒体	份数	印刷费	发行费
1	9月28日	四	大河报	52000	0.21元/张	0.07元/张
总计						14560元

表6-11 短信息广告明细

序号	日期	星期	媒体	单价	总条数	价格
1	9月28日	四	新乡移动	0.05元/条	2500	1250元
2	9月29日	五	新乡移动	0.05元/条	2500	1250元
总计						2500元

表6-12 电视广告明细

序号	日期	天数	媒体	时间	价格	发行费
1	9月29日~10月15日	15	新乡电视台	15秒	17000元	0.07元/张
总计						17000元

表6-13 印刷明细

序号	内容	份数	单价	价格	价格	发行费
1	夹报印刷	10000	0.21元/张	2100元	17000元	0.07元/张
总计						2100元

房展会执行工作

房展会上的宣传和营销的执行工作是决定企业参展成败的决定因素。这些工作具体是指6项：展位选择、展台布置、展品的选择及其展示方式、展台的人员配备、洽谈环境以及展会期间的相关活动等。

图6-18 展会上的6项执行工作

工作 1. 展位选择

展位选择就是决策展位的位置及面积大小。展位的选择一般是根据人潮在整个会场动线考虑，通常每 9 平方米是一个标准展位面积，称为标准展位。

值得说明的是那种特修展位，也称为自由布展区。指展位面积超过 4 个或 4 个以上标准展位面积时，企业可以只预定净地面，其展位装修则可以根据公司特点、楼盘特点、市场定位、展览期间的活动安排等个性化因素，由企业自主决定和设计。

这类大型展位能非常充分他表现企业文化、宣传品牌理念，非常有利于树立企业整体形象。

工作 2. 展台布置

展台是企业显示企业实力和产品特色的窗口。企业如果想在众多参展商中脱颖而出，需要制作有个性、有视觉冲击力的展台布置。

展台设计的根本任务是帮助企业达到参展的目的，展台设计要能反映企业的形象，吸引观众的注意力，还要具备能提供现场办公的功能环境。

图 6-19　展台设计的 3 个要点

工作 3. 展品选择

展品品质是参展企业给观众留下印象的最重要的因素。企业在展品选择上，要选择能体现自身产品优势的展品。选择展品有三条原则要遵守，即针对性、代表性、独特性。

①针对性是指展品要符合展出的目的、方针、性质和内容；
②代表性是指展品要体现企业精神、楼盘理念及行业特点；
③独特性是指展品要有自身的独特之处，能和其他同类产品相区别。

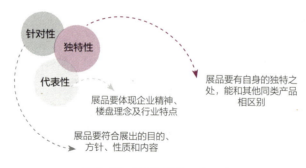

图 6-20 选择展品的 3 个原则

工作 4. 展示方式

展品本身大部分情况下并不能说明企业产品的全部情况、显示全部特征，所以在展会的展示方式上，企业还需要配以图表、资料、照片、模型、道具、模特或讲解员等真人实物，借助装饰、布景、照明、视听设备等展示手段，加以说明、强调和渲染。

工作 5. 人员配备

组织和管理展会是现场性很强的工作。展会的人员配备质量影响着参展企业在会展上的成交效果。企业配备的人员的能力及其风貌反映了企业行业中的地位和服务品质。特别是服务人员的身体语言、商务礼仪、对话技巧和专业知识，对会展的成功都极为重要。

展台人员配备一般可以从以下四个方面来考虑：
①根据展览性质选派相关部门的人员，通常为售楼员；
②根据工作量的大小决定人员数量；
③注重人员的基本素质，如相貌、声音、性格、能动性等；
④加强现场培训，如专业知识、产品特色、开发理念等。

另外，展会现场的服务人员在发放资料时应尽量多与观众沟通交流，达到互动的效果。

工作 6. 洽谈环境和展会期间的相关活动

营造轻松、愉快的洽谈环境对提高新房成交率有很大帮助。此外，在房展会期间，可对现场交定金的客户现场派发礼品，加深潜在客户对企业的好感度；凡是到访的客户都能参与一次抽奖，通过"现场抽奖"活动吸引客户等。通过各种促销手段，尽可能地聚集人气，挖掘更多目标客户。

展会后营销收尾工作

图 6-21 展会后的收尾工作

工作 1. 客户跟踪

商家在展会上通过收取客户卡片或现场登记等形式收获很多消费者,激活这些消费者的消费能量是展会结束后的一项重要工作。展会结束后企业的消费者跟踪工作十分重要。

具体办法是:①尽快将在展会上和客户洽谈的内容整理完发送给客户,让客户核对他的记录是否需要补充,以免遗漏;②已经下了订单的客户应督促他签正式订单;③对没下订单的有意向客户,引导其签下样。

展会结束后的客户跟踪工作重在速度要快。一旦错过消费者的热情持续期,很多销售工作就很难再跟上或者衔接起来。

工作 2. 参会效果评估

房展会结束后,作为营销部门的管理者和执行者,一定要评估参会效果。评估的方面有三个:

①企业应将在会展中收集到的信息纳入企业营销信息系统之中,以便进行分析和评估。

②企业还应及时将展览结果与预定目标进行比较,总结展会效果并分析其中得失的原因。

③会展的组织者为了帮助参展商进行会展评价,一般会提供有关会展与会者的统计信息。企业可根据这些统计信息并结合自身实际情况对参展的效果进行评估,并就下次是否参加该会展作出初步决策。

某项目参展2013年宜兴春季房展会具体方案

一、活动目的

①借本次房展会之势,将××项目成功推广入市,树立高端的项目品牌形象;

②利用现场强大的视听冲击,多方位地展示项目的高端品质形象,配合现场置业顾问的专业讲解,让项目的品牌形象深入人心;

③利用现场促销手段,积极宣传项目信息,争取吸引更多客户登记购卡,为项目6区7号楼成功开盘销售打下基础;

④现场配合看房专车,对意向购房客户进行重点把握。

二、活动形式

通过"强大的视觉冲击+专业的项目讲解+现场游戏互动及抽奖"形式,使××项目在本次房展会中闪亮登场,为六区七号楼的成功开盘销售打下基础。

三、活动时间

2013年5月10日至5月12日。

四、活动地点

江苏省宜兴新体育馆。

五、活动策略

1. 利用现场强大的视听冲击吸引客户

①置业顾问统一着装;

②现场布置(视现场情况而定);

③物料、现场人员举牌;

④促销广告语(如:一元订房、三重优惠);

⑤现场音响设备,对项目基本信息进行宣传(三维动画宣传片)。

2. 利用现场置业顾问的专业服务让客户愿意了解项目

①置业顾问主动热情接待;

②置业顾问专业讲解;

③客户信息的记录。

3.利用现场的促销手段激发客户对项目的进一步了解,并购买优惠卡

(1)现场抽奖

本活动的主要目的是为了吸引客户,凡在本项目登记的客户都能参与一次本项目的抽奖活动;

具体细则:客户走完上述流程后方可参与抽奖活动;抽奖活动每位客户仅能进行一次;抽奖礼品为雨伞、文化衫和购房优惠券(2000元购房优惠)。

(2)一元订房

客户只要交纳一元就能领取一张项目的优惠券,购房时额外享受2000元的优惠;

活动详解:凡是在项目现场登记的客户,交纳一元钱便可得到一张项目的优惠券,此券在项目开盘当天可享受购房额外优惠2000元。

(3)三重优惠

凡领取优惠券的客户,项目开盘当天即可享受"一元订房"优惠、认筹优惠和开盘优惠三大优惠活动。

六、现场布置

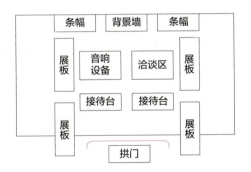

图6-22 活动现场布置

注:

拱门文字内容:××项目欢迎你;

背景墙内容:项目的总体形象和项目的基本信息;

展板内容:项目形象宣传的展板等;

条幅文字内容:项目促销信息(××项目"一元订房"活动火爆进行中、××项目购房"三重优惠"惊喜不断)。

七、活动流程与操作

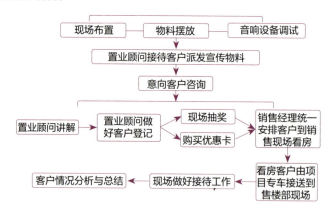

图 6-23　活动当天流程安排

八、活动人员安排

表 6-14　现场人员安排表

人员安排	负责人	工作重点
现场总控	×经理	对各个环节工作进行监督和指导
举牌引导人员一名	置业顾问	引起客户关注，吸引散客，促进项目宣传
项目讲解人员两名	置业顾问	对来访客户进行项目讲解，突出项目基础信息
客户登记人员一名	置业顾问	登记客户信息，为后续客户跟踪做准备
抽奖活动人员一名	置业顾问	安排客户抽奖活动，负责礼品的保管与发放